LETTRES

ÉCRITES DE FRANCE,

A UNE AMIE

EN ANGLETERRE,

PENDANT L'ANNÉE 1790.

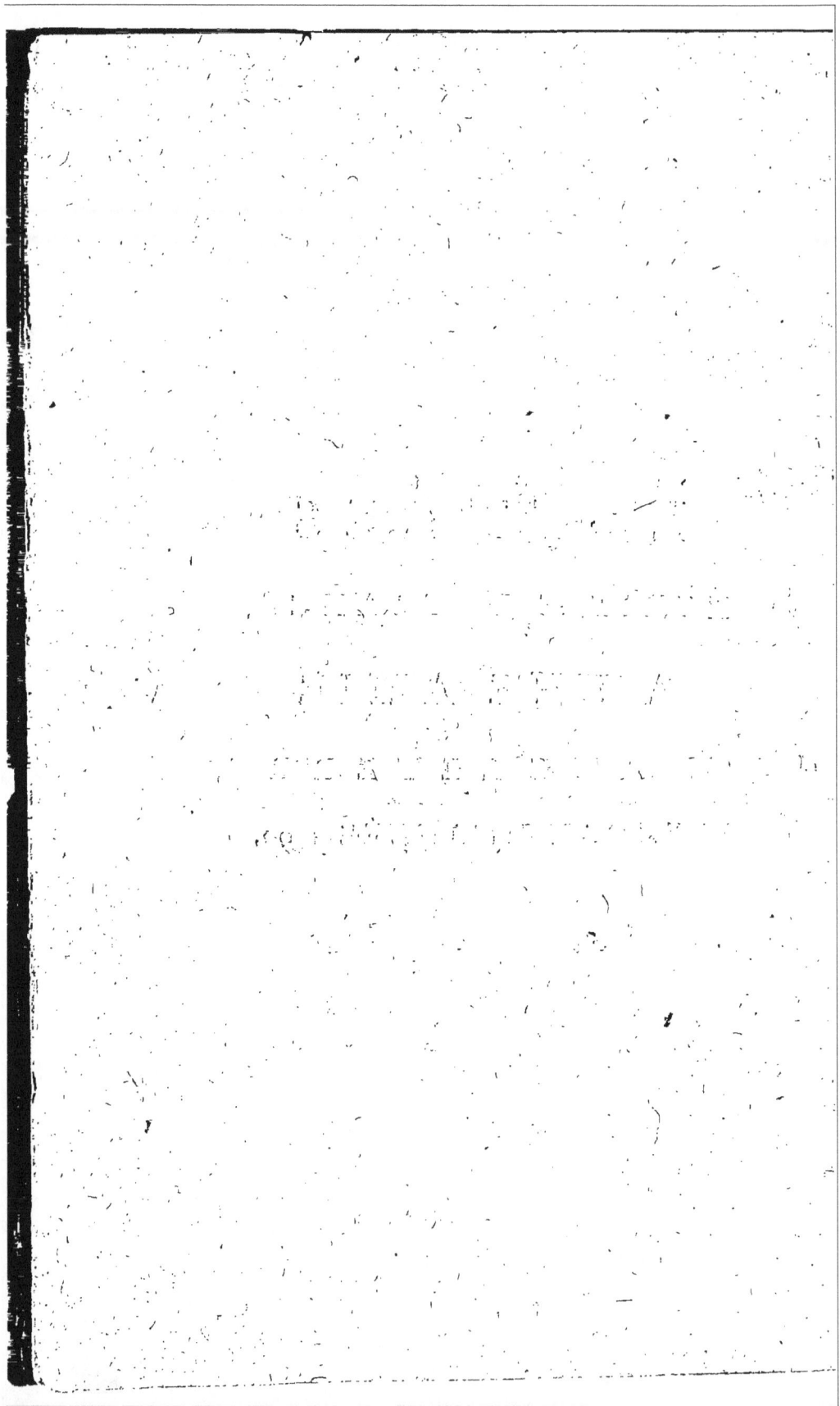

LETTRES

ÉCRITES DE FRANCE,

A UNE AMIE

EN ANGLETERRE,

PENDANT L'ANNÉE 1790.

CONTENANT L'HISTOIRE DES MALHEURS DE M. DU F***.

PAR MISS WILLIAMS,

Traduit de l'anglais , par M....

A PARIS.

De l'imprimerie de GARNÉRY, libraire,
rue Serpente, N? 17.

1791.

LETTRES

ÉCRITES

DE FRANCE,

DANS L'ÉTÉ DE 1790.

LETTRE PREMIERE.

APRÈS un voyage très-rapide je suis arrivée à Paris la veille de la fédération. Si jamais je suis tentée de murmurer contre ma destinée, je mettrai désormais cet heureux hasard dans l'autre côté de la balance, et je penferai à tout ce qu'il peut compenser de contradictions. Si le paqueboc, qui m'a conduite de Brighton à Dieppe eut fait voile quelques heures plus tard ; si le vent m'eût été contraire, enfin si je n'étois pas parvenue à Paris au moment où j'y suis arrivée, j'aurois manqué le plus beau spectacle qui peut-être ait jamais été représenté sur le vaste théâtre du monde.

Je vous enverrai une fois par semaine les détails que je vous ai promis à mon départ ;

A

je n'ignore pas cependant combien il me sera difficile de vous peîndre tous les objets qui se présentent en foule à mes regards. Il est plus aisé de sentir le sublime que de le décrire , et tout ce que je pourrai faire , sera de vous tracer une foible esquisse à laquelle votre imagination donnera la couleur et la vie.

Le soir qui précéda la fédération, comme pour servir de prélude à cette grande fête, on chanta le Te-deum à l'église de Notre-dame. Jamais peut-être autant de musiciens ne se sont trouvés réunis si ce n'est à l'abbaye de westminster. L'ouverture qui précédoit le Te-deum étoit simple et majestueuse. Le reste de la musique étoit pleine d'expression et sembloit électriser tous les auditeurs. Vers la fin des dissonances adroitement ménagées , inspirèrent une émotion de tristesse , et, en réveillant des idées de crainte et d'inquiétude, préparèrent les esprits à un récitatif du plus grand effet. On y retraçoit la consternation et l'horreur qui régnoient dans Paris le 13 juillet 1789, veille de la prise de la bastille. Je m'en suis procuré les paroles et je crois vous obliger en vous les envoyant telles qu'on les a publiées.

LA PRISE DE LA BASTILLE,

HIÉRODRAME

TIRÉ DES LIVRES SAINTS.

Suivi du cantique, en actions de graces,

TE DEUM LAUDAMUS.

PAR M. DESAUGIERS.

L'ouverture exprime la tranquillité publique ; elle est troublée par un citoyen qui vient annoncer au peuple l'exil d'un ministre qui avoit sa confiance.

UN CITOYEN.

Populi lugete........ Peuples, gémissez, *et gaudium vestrum* et que votre joie se *convertatur in mœmo-* change en tristesse. *rem* , Jac. 4. 9.

LE PEUPLE.

Quare ? Pourquoi ?

A 2

LE CITOYEN.

Protector noster abest.   Notre protecteur
est éloignée.

CHŒUR DU PEUPLE.

Heu nobis, miseris !   Malheureux que
Psal. 119. 5.   nous sommes !

(Le tocsin se fait entendre.)

Deus !   Dieu !

LES FEMMES.

Respice super nos et   Jettez un oeil com-
super filios nostros. patissant sur nous et
Psal. 113. 13.   sur nos enfans.

TOUS ENSEMBLE.

O *Deus ! adjuva*   O Dieu ! secourez-
nos. Ps. 78.   .   nous.

LE CITOYEN.

Confortamini et bel-   Reprenez courage
late. 1 Reg. 4. 9. *Vos* et combattez, car vous

enim ad libertatem vo- êtes appelés à la li- *cati estis* Gal. 5. 3. berté. Nos ennemis *gladium evaginave-* ont tiré le glaive pour *runt inimici........ ut* détruire le foible et *dejiciant pauperem et* l'indigent : que leur *inopem.... gladius eo-* glaive entre dans leur *rum intret in corda* propre coeur. *ipsorum.* Ps. 36. 14. 15.

CHŒUR EN CORYPHÉE.

LE CITOYEN.

Apprendite arma. Prenez les armes, Ps. 34. 2. *accingite* armons-nous du glai- *gladium.* Ps. 44. 4. *et* ve, et combattons les *debellemus potentes.* puissans.

LE CHŒUR *d'abord sourdement.*

Apprehendamus ar- Prenons les armes, *ma, accingamus gla-* armons-nous du glai- *dium, et debellemus* ve, et combattons les *potentes.* puissans.

A 3

Le Citoyen et le Chœur.

Erubescant et conturbentur..... inimici nostri. Ps. 6. 11. et fugiant , et pereant. Ps. 67. 1. 2.

Que nos ennemis rougissent et qu'ils soient dissipés. Qu'ils fuient et qu'ils périssent.

Chœur des femmes

pendant le chœur précédent.

O deus ! adjuva nos, Ps. 79. 9.

O Dieu ! secourez-nous.

Le Citoyen et le Chœur.

Deus , adjuvabit nos.

Oui, Dieu viendra à notre secours.

Le Citoyen.

Dominus... reprobat concilia principum. Ps. 32. 10. curamus et eruamus arcem invisam. deus

Le Seigneur rejette les conseils des princes. Courons et détruisons cette odieuse forteresse. Dieu

pugnabit pro nobis combattra pour nous.
Isaiae, 51. 22. *Va-* Marchons.
damus.

(Marche militaire. Le peuple est arrivé aux pieds de la
forteresse : le canon commence à tirer sur lui. On
bat la charge. Les coups de canons redoublent. Pendant le siège le peuple s'écrie :)

C H Œ U R.

Corruat aedes ser-   Qu'il s'écroule l'a-
vitutis. Portae ejus   syle de l'esclavage.
corruant. Jer, 14. 2.   Que ses portes soient
                    brisées.

(Une explosion totale de l'orchestre exprime la chûte
du pont-levis. Le peuple s'éorie :)

C H Œ U R.

triumphamus !   Victoire ! victoire !

(La trompette guerrière se fait entendre , ainsi que les
plaintes des mourans et des blessés ;)

C H Œ U R   G É N É R A L.

Vivat lex et libertas.   Vive la loi et la li-
Vivat rex. 3 rex. 1. berté. Vive le roi.
25.   A 4

LE CITOYEN.

Expulsi sunt (inimici) nec potuerunt stare. Ps. 35. 13. *et erunt opprobrium in gentibus.* Judith , 4. 10.

Nos ennemis sont fugitifs , ils n'ont pu nous résister, et ils seront en opprobre parmi les nations.

Populi , laudate deum Psal. 116. 1.

Peuple louez dieu.

LE CHŒUR.

Te deum laudamus , etc,

O dieu , nous te louons , etc.

Jugez de l'effet que produisit ce choeur de voix et d'instrumens grave et terrible, qui sembloit glacer l'ame. Mais ce qui ajoutoit et redoubloit la terreur, c'étoit le son d'une grosse cloche qui, se mêlant à cette effrayante harmonie, rappeloit le tocsin qui pendant les trois premiers jours de la révolution ne cessa de sonner dans toutes les Eglises et dans tous les Couvens de

Paris , et dont l'effroyable son produisoit,
dit-on , une confusion et une consternation inexprimables. Les auditeurs à ce moment sembloient respirer avec peine ; tous
les coeurs étoient saisis et glacés d'effroi ;
enfin la cloche cessa , la musique changea
de ton. Un autre récitatif annonça la défaite entière des ennemis , et après quelques fanfares de tambours et de trompettes ,
le tout se termina par un hymne en actions
de graces en l'honneur de l'être suprême.

LETTRE II.

JE vous ai promis de vous envoyer une description de la fédération, mais cela ne se décrit point; il faut pour s'en former une idée, avoir vu ce tableau, dont la sublimité dépendoit moins de sa magnificence extérieure que de l'effet qu'elle produisoit dans l'ame des spectateurs. C'étoient eux, c'étoit la nation qui formoit le spectacle. Je vous parlerai de mille drapeaux ondoyans dans les airs, d'arcs de triomphe décorés avec art, d'autels sur lesquels fumoit l'encens de deux cent mille hommes formant une longue et majestueuse procession; mais comment vous peindre la conduite et les impressions des spectateurs? comment rendre les sensations impétueuses, l'ivresse et la joie de cette immense multitude, un demi million d'hommes contemplant un spectacle qui offroit à leurs regards tout ce qui peut élever et flatter l'esprit humain; qui réunissoit aux idées morales les plus propres à exciter l'enthousiasme, la pompe et l'éclat d'une cérémonie religieuse qui parloit à l'imagination, au coeur et à la raison ?

Le champ de Mars présentoit un vaste amphithéâtre autour duquel regnoient quarante rangs de siéges élevés en gradins sur un terrein en pente et formés avec des planches. Vingt jours d'un travail animé par l'enthousiasme d'un grand peuple, avoient achevé ce grand ouvrage qui sembloit demander des années. Dans ces travaux, toutes les distinctions de rang et de parti avoient été oubliées. Les citoyens de tous états, tous plein d'un même esprit, tous glorieux de manier la bèche, s'étoient empressés d'assister les ouvriers à ce grand oeuvre d'où sembloit dépendre le salut commun. Des femmes jeunes, riches et jolies, prenoient en main la pioche et le hoyau, et remuoient un peu de terre pour pouvoir se vanter un jour d'avoir aussi travaillé aux préparatifs du Champ de Mars ; on voyoit de vieux invalides venir volontairement offrir au service de leurs pays, les derniers restes de leurs forces. Un jeune abbé de ma connoissance, me dit que le peuple étoit venu battre la caisse à la porte du couvent qu'il habitoit, et qu'il avoit obligé le supérieur à envoyer tous ses religieux travailler au Champ de Mars. Celui-ci n'y consentit qu'avec beaucoup de répugnance : quant à moi, dit le jeune abbé, ,, je ne demandois pas mieux ,,.

A l'extrêmité supérieure de l'amphithéâtre, étoit un grand pavillon pour le roi et la reine, leur suite, et l'assemblée nationale. Il étoit couvert de toiles peintes des couleurs nationales, décoré de guirlandes des mêmes couleurs chéries, et parsemé de fleurs-de-lys. Un pavillon blanc étoit déployé au-dessus du siège du roi ; au milieu du Champ-de-Mars étoit l'autel de la patrie, sur lequel l'encens étoit offert par des prêtres vêtus de longues robes blanches, avec des ceintures aux couleurs de la nation. On voyoit sur l'autel plusieurs inscriptions ; mais les mots lisibles à la plus grande distance étoient : la Nation, la Loi et le Roi.

A l'autre bout de l'amphithéâtre, et vis-à-vis le pavillon s'élevoient trois arcs de triomphe, ornés d'emblême et de figures allégoriques.

La procession pour se rendre au Champ-de-Mars, traversa les principales rues de Paris. A la place de Louis XV, les porte-drapeaux reçurent sous leurs bannières rangées en deux lignes, l'assemblée nationale, qui venoit des Tuileries. Lorsque la procession passa dans la rue où fut assassiné Henri IV, tout le monde, comme d'un commun accord, s'arrêta ; les cris de joie furent un moment suspendus et remplacés par un morne silence. Ce tribut de regret, payé par une impulsion soudaine de sensibilité dans un tel moment, est peut-être le plus bel hommage qu'ayent encore reçu les vertus et la mémoire de cet aimable prince.

Le peuple se montroit partout, les rues en étoient bordées ; les fenêtres en étoient garnies ; il couvroit les toîts des maisons ; il poussoit des cris et versoit des larmes de joie en voyant passer la procession ; des vieillards se mettoient à genoux dans la rue, pour remercier Dieu de ce qu'ils avoient assez vécu pour être témoin de cet heureux jour. Chacun à sa porte offroit aux troupes des raffraichissemens de toute espèce. Des femmes entouroient les soldats, et prenant dans les bras leurs jeunes enfans, promettoient de leur inspirer dès le plus bas âge un attachement inviolable aux principes de la constitution.

La procession entra dans le Champ-de-Mars par un vaste passage que des milliers de mains avoient formé en quelques jours, en remplissant de grands trous, en comblant un bras de rivière, et en élevant sur la Seine un pont de bâteau vis-à-vis l'arc de triomphe. Voici quel étoit l'ordre de la procession.

Un corps de cavalerie avec des trompettes.

Une troupe de musiciens.

Un détachement de grenadiers.

Les électeurs de Paris de 1789.

Une troupe de volontaires.

L'assemblée des représentans de la commune.

Le comité militaire.

Une compagnie de chasseurs.

Une troupe de tambours.

Les présidens des soixante districts.

Les députés des communes envoyés à la fédération.

Les administrateurs de la municipalité.

Troupe de musiciens et de tambours.

Bataillon d'enfans, portant un étendart, sur lequel étoit écrit : *l'espérance de la patrie.*

Détachement de la garde nationale de Paris.

Bataillon des vétérans.

Députés des 42 départemens, rangés par ordre alphabétique.

L'oriflâme ou le grand étendart des rois de France.

Députés des troupes réglées.

Députés de la marine.

Députés des 41 autres départemens rangés aussi par ordre alphabétique.

Troupe de chasseurs volontaires.

Troupe de cavalerie avec des trompettes.

La procession, qui étoit composée de huit personnes de front, entra dans le Champ de Mars par les arcs de triomphe, au bruit d'une décharge d'artillerie. Les députés se placèrent au dessous de l'enceinte de l'amphithéâtre ; entre eux et les spectateurs, étoit la garde nationale parisienne. Les bancs tout à l'entour étoient remplis de quatre cent mille personnes. Une multitude innombrable de soldats remplissoit le milieu de l'amphitéâtre. L'assemblée nationale s'avança au milieu de cette foule vers le pavillon où elle se plaça autour du roi, de la reine et de la famille royale. Vis-à-vis ce groupe, s'élevoient en perspective les hauteurs de Passy et de Chaillot, couverte de spectateurs. Les bannières, dont une avoit été donnée à chaque département du royaume, en signe de confraternité par la commune de Paris, furent portées à l'autel pour y être bénies par l'évêque. On célébra une grande messe après laquelle M. de la

Fayette qui avoit été nommé, par le roi,
major général de la fédération, monta à
l'autel, donna le signal, et prêta lui-même
le serment civique. A l'instant toutes les
épées furent tirées, toutes les armes furent
levées en l'air. Le roi prononça le serment
que le président de l'assemblée répéta ; six
cents mille voix répétèrent à l'envi ces mots
sacrés, pendant que la reine élevoit le dauphin dans ses bras, et le montroit au peuple
et à l'armée. Au moment où l'on déploya
les bannières consacrées, le soleil qui, dans
le cours de la matinée, avoit été souvent
obscurci par des pluyes abondantes, se
montra brillant et clair, pendant que le
peuple élevoit les yeux au ciel, et prenoit
la divinité à témoin de l'engagement sacré
qu'il venoit de contracter. Quelques instans
d'un silence majestueux, furent suivis par
les acclamations et les bénédictions de la
multitude. On pleuroit, on s'embrassoit
mutuellement; enfin on se dispersa.

Vous ne supposerez pas que je pusse être
spectatrice indifférente d'une pareille scène.
Oh! non, dans un pareil moment toute dif-
férence de pays étoit effacée de ma mémoire;
c'étoit le triomphe du genre humain que je
voyois, c'étoit l'homme reclamant et éta-

blissant

blissant les plus nobles de ses droits, et il ne falloit qu'un sentiment ordinaire d'humanité, pour devenir en cet instant citoyen du monde. Pour moi, j'avoue que mon coeur partagea avec une vive sympathie, l'enthousiasme général ; mes yeux se remplirent de larmes, et tant que ma mémoire vivra dans mon ame, je n'oublierai jamais les sensations que me fit éprouver ce beau jour.

Le temps fut extrêmement mauvais pendant tout le matin de la fédération ; mais les esprits du peuple étoient trop remplis des grandes idées du bien moral, pour pouvoir donner quelque attention au mal physique. Plusieurs violentes averses n'eurent pas le pouvoir d'interrompre la gaîté générale. Des gens, tout trempés de pluie, s'écrioient avec joie plutôt qu'avec regret, nous sommes mouillés pour la nation ; d'autres disoient : la révolution française est cimentée avec de l'eau au lieu de sang ! Les gardes nationales, en attendant que toute la procession fût arrivée, s'amusèrent à danser en rond, et réjouirent les spectateurs par mille évolutions plaisantes, dans lesquelles éclatoit cette gaîté brillante qui caractérise la nation française. Je crois qu'il n'y a au monde que des français qui, en attendant une cérémonie aussi solemnelle

B

qu'il y en eût jamais, pussent se divertir et amuser un demi-million d'hommes occupés du même objet, par des rondes de dix mille hommes. Mais si vous vous sentiez disposé à regarder cette gaîté avec le mépris d'une gravité supérieure, que je ne peux appeller de la sagese ; songez que ces danseurs étoient ces mêmes hommes qui ont fondé la grande époque de la liberté française ; qui ont abbatu les tours de la Bastille, et dont la renommée transmet le souvenir à la postérité la plus reculée.

Tel étoit l'ordre admirable qui régnoit dans cette auguste fête, qu'aucun accident n'interrompit l'allégresse générale. Toutes les voitures furent défendues pendant cette journée, et les entrées du Champ de Mars étoient si nombreuses que cinq cent mille personnes s'y rassemblèrent, et en sortirent sans former la moindre foule.

Les spectateurs n'eurent qu'un sujet de regret, quelques-uns d'eux murmurèrent de ce que le roi avoit prêté le serment civique sur l'estrade, au lieu de faire cet acte religieux au pied de l'autel ; il y eût des gens qui, entourans M. de la Fayette, le conjurèrent de persuader au roi d'aller à l'autel et d'y répéter le serment : ,, mes enfans, re- ,, pondit le général, un serment n'est pas

,, une arriette, on ne peut pas le chanter
,, deux fois. ,,

Après la fédération, M. de la Fayette
alla au château de la Muette, où l'on avoit
préparé un diner public pour la garde nationale. Une foule immense se réunit
autour de lui, au moment où il descendit
de cheval, et quelques aristocrates, mêlés
parmi les vrais amis de celui qui est si justement l'idole de la nation française, essayè-
rent de l'étouffer par leurs perfides caresses.
Il s'écria : mais, mes amis, vous m'étouffez.
Un de ses aides de camp, qui apperçut le
danger de son général, se jetta à bas de
son cheval, sur lequel il fit monter M. de
la Fayette et celui-ci se rendit prompte-
ment au château.

Cet incident me rappelle un vers de la
belle tragédie de Britannicus, de Racine,
où Néron dit :

J'embrasse mon rival, mais c'est pour l'étouffer.

LETTRE III.

LES réjouissances de Paris ne se sont pas bornées à la cérémonie de la fédération. Différentes fêtes qui se sont succédées pendant plusieurs jours, avoient été préparées pour les députés, qui tous étoient logés dans les maisons des citoyens, où on leur donna l'hospitalité la plus obligeante.

Le soir du 14 juillet, toute la ville de Paris fut illuminée; et le lendemain, le ci-devant duc, à présent M. d'Orléans, donna un dîner public à la garde nationale, dans le cirque du Palais Royal; nous nous promenâmes le soir autour de la gallerie, d'où nous voyions en bas les uns s'amuser à danser, les autres à chanter en choeur les chansons patriotiques à la mode.

Le dimanche suivant, M. de la Fayette passa en revue les gardes nationales au Champ-de-Mars. Cette vaste plaine étoit remplie de monde, et l'on y témoigna plus d'enthousiasme que jamais, en faveur du général. On ne cessa d'entendre crier : Vive M. de la Fayette. Les voitures étoient encore défendues ce jour-là, et le soir pré-

senta le tableau d'une réjouissance générale. La ville entière étoit illuminée. La
plus brillante compagnie remplissoit le jardin des Thuileries, d'où nous vîmes la
belle façade du Louvre superbement éclairée (*); dans les Champs-Élisées étoit une
fête donnée aux députés. D'innombrables
lampions pendoient en guirlandes d'un
rang d'arbres à l'autre, et répandoient un
jour éblouissant dans ces longues et délicieuses allées sous lesquelles des groupes
multipliées, chantoient, dansoient et fai-
soient rétentir l'air de cris de joie. Plusieurs
troupes de gardes nationales revinrent des
Champs-Elisées au travers des Thuileries,
conduisant dans chaque rang une femme
entre deux hommes. Tous les prêtres qu'ils
rencontroient, étoient obligés de se réunir à
eux, et ils les traitoient comme des femmes,
plaçant chacun d'eux entre deux soldats,

(*) Du jardin des thuileries on ne voit point la façade
du *Louvre*, mais celle du château des thuileries qui est
beaucoup moins belle. Cette méprise et quelques autres qu'on pourra remarquer dans cet ouvrage doivent
nous rendre sobres à juger des mœurs, des lois et des
monumens de l'étranger que nous connoissons bien
moins qu'ils ne connoissent la france.

et quelquefois les coeffant d'un bonnet de grenadier. Sur le Pont-Neuf furent exécutés des feux d'artifice d'une grande beauté, et la statue d'Henri IV étoit décorée de l'ornement le plus agréable au peuple, la cocarde nationale ; des transparans, représentans M. de la Fayette et M. Bailly, étoient placés comme la marque la plus insigne de la faveur populaire, aux deux côtés de cette statue révérée.

Mais de tous ces spectacles, le plus intéressant à mes yeux, étoit celui des réjouissances de la Bastille. Les ruines de cette exécrable forteresse avoient été changées, comme par la baguette d'un enchanteur, en une scène de plaisirs et de charmes. Le sol étoit couvert d'un gazon nouvellement rapporté, sur lequel étoient plantés des rangs d'arbres, qu'éclairoient des guirlandes de feu (*). La gaîté du peuple étoit là, plus vive et plus bruyante que par tout ailleurs. Les félicitations mutuelles, les horreurs du passé, le sentiment de la félicité actuelle,

_____

(*) Il est singulier que l'auteur de ces lettres n'a t pas remarqué que les arbres étoient rangés de manière à imiter le plan de la bastille, avec ses tours, ses redoutes, &c.

ses cris répétés de vive la nation, rétentis-
sent encore à mon oreille enchantée. Et moi
aussi, quoiqu'étrangère sur cette terre
de bonheur, je me réjouis de la joie de ses
habitans; je joignis ma voix à ce concert
universel, et de tout mon coeur, de toute
mon ame, je crirai à l'unisson : vive, vive
la nation !

LETTRE IV.

Avant de me laisser conduire par mes amis dans le cercle ordinaire des couvens, des églises et des palais de Paris, je demandai à voir la Bastille ; je désirois plus d'en contempler les ruines que d'admirer les plus superbes monumens de la capitale. Lorsque nous montâmes en voiture, notre domestique français dit au cocher d'un air de triomphe : ,, à la Bastille ; mais nous n'y resterons pas ". Nous passâmes sous cette voûte que tant de gens ont traversée pour n'y jamais repasser. Ayant quitté notre voiture, nous descendîmes avec peine dans des cachots trop bas d'étage, pour que nous pussions nous y tenir debout, et si obscurs qu'en plein midi nous eûmes besoin, pour les voir, de faire allumer une chandelle. Nous vîmes les crampons de ces chaînes qui tenoient les prisonniers attachés par le col aux murs de leurs cachots. Plusieurs de ces chambres, étant au dessous du niveau de l'eau, sont dans un état constant d'humidité. Il en sortoit une vapeur mal-saine, qui a plus d'une fois éteint notre lumière ;

l'odeur en étoit si insupportable, qu'il ne falloit rien moins qu'une violente curiosité pour nous engager d'y entrer. Dieu de bonté ! et l'on traînoit des créatures humaines dans ces horribles habitations, au gré d'un pouvoir arbitraire et despotique. Quelle triste réflexion de penser que» l'homme, revêtu ici bas d'une frêle et mince autorité, commet, en se jouant à la face du très-haut, des crimes qui font horreur aux intelligences célestes «(*).

Il y avait ce me semble un plus grand nombre de ces cachots, que l'esprit du tyran le plus endurci lui-même, n'eût pu s'imaginer; car depuis la destruction du bâtiment, on a découvert plusieurs cellules sous un terrein ci-devant enfermé dans l'enceinte des murs de la Bastille ; mais que l'on croyoit un terrein plein, avant que les horribles secrets de cette prison d'état eussent été dévoilés. On a trouvé dans quelques uns de ces cachots, des squellettes desséchés, portant encore des fers sur leurs os à moitié réduits en poussière.

» Man ! proud man,
drest in little brief authotity ,
plays such fantastic tricks before high heaven
As make the angels weep ✸

Quand on a visité la Bastille, on doit véritablement être surpris qu'une nation aussi éclairée que la France, ait pu si long-tems se soumettre à toutes les oppressions d'un tel gouvernement; mais on ne doit pas s'étonner qu'à la fin, dans un accès d'indignation, elle ait brisé ce joug insupportable.

Ceux qui ont pu voir les cachots de la Bastille et ne pas applaudir à la révolution de la France, peuvent être sans doute des gens respectables et d'une société agréable dans les momens heureux de la vie ; mais lorsque mon coeur, plein d'amertume, succombera sous le poids des chagrins, je n'irai point auprès d'eux chercher des consolations. Sterne dit qu'il est difficile qu'un homme aime beaucoup une femme, à moins qu'il ne les aime toutes un peu. Je penserois de même, à l'égard de l'humanité, et je compterois peu sur la sensibilité particulière d'un homme qui n'éprouveroit pas les mouvemens d'une philantropie générale. S'il en est du despotisme comme de la foudre, et si son trône ne peut avoir d'éclat que lorsqu'il est environné d'horreur et d'obscurité; pour Dieu! que cet éclat funeste soit à jamais éteint. Puisse ce château choquant de lumières et d'ombre, ne se retrouver jamais dans le système politique de la

France ! Puissent les rayons de la liberté, pareils à ceux du Soleil, verser leur bénigne influence sur la chaumière du paysan, aussi bien que sur le palais des princes, Puisse la liberté, qui depuis tant de siècles a pris plaisir à adoucir les maux des climats glacés du nord, à fertiliser un sol ingrat, à dessécher des marais, à élever des digues contre la puissance des mers, repandre aussi ses bienfaits sur les belles contrées de la France, et permettre au laboureur de se réjouir en paix à l'ombre de la vigne et de l'olivier.

Les citoyens de Paris ont eu la gloire de prendre en quelques heures cette Bastille qui avoit résisté à Henri IV et à toute son armée. L'avarice de M. Delaunay l'avoit engagé à garder cette forteresse avec la moitié seulement du complet d'hommes ordonnés par le gouvernement, et une lettre qu'il reçut dans la matinée du 14 juillet, dans laquelle on lui marquoit de tenir jusqu'au soir, qu'il arriveroit du secours ; cette lettre, jointe à sa trahison envers les assaillans, lui coûta la vie.

Le courage des assiégeans étoit animé par les horreurs de la famine. Il n'y avoit plus de pain à Paris que pour 24 heures. Depuis quelques jours le peuple en foule assié-

geoit les portes des boulangers qui étoient
obligés d'avoir une garde à leur porte pour
protéger leurs boutiques contre la multitude
affamée. Des femmes, réduites par la faim
au désespoir, crioient : *il nous faut du pain
pour nous et nos enfans.* La disette étoit telle
qu'un gentilhomme (*) français lui a dit que
veille de la prise de la Bastille, il avoit été
invité à dîner chez un négociant, qu'en y
arrivant, il avoit appris qu'un domestique
avoit resté dehors pendant cinq heures pour
chercher du pain, et qu'enfin, après bien
de la peine, il n'avoit pu s'en procurer
qu'un seul.

Ce fut au milieu de cette crise, ce fut
pour échapper à l'horrible douleur de voir
les femmes et leurs enfans mourir de faim à
leurs yeux, que les citoyens de Paris cou-
rurent aux armes ; excités par de si puissans
motifs, ils montrèrent l'intrépidité de gens
qui combattent pour tout ce qui peut donner quelque prix à la vie, et qui sont dé-
terminés à vaincre ou à mourir. Les femmes même, loin d'écouter la timidité natu-

---

(*) On ne peut trop avertir les personnes qui lisent
des traductions de l'anglais que le mot *gentleman* ne se
répond point à notre vieux mot français *gentilhomme*, il si-
gnifie un homme né dans l'aisance et bien élevé.

rêlle à notre sexe, bravoient le canon de la
Bastille, pour porter des vivres à leurs enfans et à leurs maris, et pleines d'un courage
digne des matrones romaines, elles les exci-
toient au combat. Des femmes montoient la
garde dans les rues, et lorsqu'il passoit
quelqu'un, elles crioient hardiment : « qui
va là ».

Un officier qui, dans cette occasion avoit
le commandement de cinquante hommes,
m'a dit qu'un de ses soldats ayant été tué
d'un coup de canon, le peuple avec toutes
les marques de l'indignation, emporta le
corps ; puis prenant le chapeau du mort,
commença à demander de l'argent aux assistans, pour son enterrement, d'une manière qui caractérise bien cette gaîté si naturelle aux français, qu'elle ne l'abandonne
pas même dans des occasions qui rendroient
sérieux tout autre peuple de la terre » Madame, pour ce pauvre diable qui s'est fait
tuer pour la nation --- Monsieur, pour ce
pauvre chien qui (*) s'est fait tuer pour la nation « ; cette formule de sollicitation, sans

_____

(*) La première de ces deux phrases est beaucoup
plus dans l'esprit de notre langue que la deuxième. Le
peuple anglois se sert souvent du mot de chien qui
n'entre que rarement dans les facéties du notre.

être bien pathétique, produisit tout l'effet qu'on en désiroit: personne n'avoit le coeur assez dur pour résister à cette considération puissante « *qui s'est fait tuer pour la nation.*

Lorsque la Bastille fut prise et qu'on eût rendu à la lumière ce vieillard dont vous avez sans doute entendu parler, qui étoit enfermé depuis 35 ans, ses yeux furent blessés de ce jour qu'ils n'avoient pas apperçu depuis si longtems. Il chancela, secoua sa barbe blanche, et s'écria d'une voix foible : ,, Messieurs, vous m'avez rendu un grand service; rendez-m'en un autre; tuez-moi, je ne sais pas où aller «, allons, allons, répondit la foule tout d'une voix, la nation te nourrira (*).

(*) Peu de personnes ont su ce que c'étoit que ce vieillard dont l'histoire mérite d'être connu; nous nous sommes procurés à ce sujet des détails singuliers sur la vérité desquels nous croyons que l'on peut compter.

N. Chevalier, fils naturel du célèbre partisan Paris Duverney, avoit été placé, par le crédit de son père, dans l'administration des vivres, chemin large et commode pour arriver à la fortune. Il voulut courir trop rapidement dans cette carrière. Il y échoua, fut destitué de son emploi pour quelques malversations prou-

Lorsque les héros de la Bastille, après qu'elle se fut rendue, traversèrent les rues, les citoyens à la porte de leurs maisons, les

---

vées, et abandonné par son protecteur. Les vicieuses inclinations qui l'avoient perdu, lui offrirent une ressource dont il n'hésita pas à profiter. Enrôlé dans une bande de voleurs alors fort redoutée, il exerça quelque temps cette profession infâme qui l'auroit conduit à la fin ordinaire de ceux qui s'y livrent, sans la puissante intervetion de son père naturel. Pris les armes à la main, condamné au dernier supplice, il obtint à la considération de M. Duverney que sa peine fut commuée en une prison perpétuelle. On le conduisit aux isles sainte marguerite où il passa quelques années, s'occupant, comme tous les prisonniers, à adoucir sa captivité par l'espoir consolateur de la finir un jour. Il désiroit sur-tout de se retrouver à Paris où l'intrigue trouve toujours plus de ressources, et le crédit plus de facilités. Il imagina, pour s'y faire transférer, un de ces moyens bizarres qui ne peuvent être conçus que dans une imagination exaltée par le désespoir. L'assassinat de Louis XV, par Damien, occuppoit alors tous les esprit; Chevalier, dans l'espèce liberté dont jouissent les prisonniers aux isles Sainte Marguerite, avoit eu souvent occasion de parler de cet événement avec un officier français détenu aux isles pour quelques écarts d'une jeunesse orageuse. Il affectoit dans ces momens un air de mystère propre à piquer la curiosité du jeune offi-

mains pleines de vin et d'eau-de-vie, et
d'autres raffraichissemens, les offroient à

---

cier qui s'empressa de lui demander s'il avoit quelques
connoissances particulières sur cette étrange aventure ;
oui, répondit Chevalier, avec assez de sang-froid ; c'est
une affaire manquée pour le moment, mais on y revien-
dra : les jésuites qui la conduisent, m'ont fait proposer
de m'en charger, et si vous voulez, je peux vous intéresser à ce projet qui en vaut la peine. — L'officier
épouvanté de ce qu'ils venoit d'entendre, court chez le
gouverneur qu'il en instruit. Celui-ci s'empresse d'é-
crire au ministre ; un inspecteur de police apporte la
réponse ; elle contenoit un ordre de remettre le sieur
Chevalier au porteur qui devoit le conduire à Paris. L'inspecteur étoit d'ailleurs chargé de sonder son prisonnier,
de l'interroger adroitement, de le tâter en tous sens pour
tâcher de lui dérober un secret qui paroissoit de la plus
haute importance. Chevalier, content du succès de sa ruse, se met gayement en route et ne se fait presser pour
parler qu'afin de donner plus de prix à ce qu'il a à dire.
L'inspecteur a raconté depuis, avec horreur, les parti-
cularités d'une de ces conversations. Il étoit un soir avec
son prisonnier dans une chambre d'auberge ; Chevalier,
étant par une chaîne accrochée à un mur, avoit les mains
libres. L'inspecteur étoit assis devant lui ; entre eux
étoit une table sur laquelle bruloient deux chandelles.
L'entretien rouloit sur Damien, son crime, son carrac-

ces

ces libérateurs de leurs pays. Mais ils refusèrent unanimement de goûter aucunes li-

---

tère, ses motifs. C'étoit un lâche dit Chevalier, et la
preuve qu'il a eu peur, c'est qu'il a porté un coup droit
et par conséquent mal assuré, au lieu de frapper un
coup de revers ferme et vigoureux. — Tout en disant
ces mots, le prisonnier prend de la main gauche une
des chandelles prêtes à finir, étend, sur la table, sa
main droite, sur le dos de laquelle il laisse tomber quelques goutes de suif et y pose le bout de chandelle. L'inspecteur étonné le regarde, Chevalier ne paroît pas y
faire attention et continue de parler. Pendant que la
conversation se prolonge, la chandelle qui brûloit toujours arrive à sa fin; l'inspecteur avertit son prisonnier
qui sourit et ne bouge pas. Enfin le suif est consumé, la
chaleur gagne la main, la peau commence à se gonfler, à
siffler, elle va brûler. L'inspecteur ne peut soutenir ce
spectacle, il frappe sur la main du prisonnier et lui dit,
en éteignant la mêche, que vo lez vous donc faire? vous
êtes fou; Chevalier le regarde et sans faire un mouvement, lui répond, d'une voix grave : C'étoit pour vous
faire voir la main qu'il falloit choisir pour assassiner
un Roi. ——— Chevalier arrivé à Paris, fût mis à la
bastile ou il a resté depuis. Lorsqu'un ministre humain
et philosophe porta dans les cachots de cette forteresse
les lumières de la raison et brisa les fers de plusieurs
malheureux. Chevalier sentant qu'il étoit difficile qu'on
rendit à la société une homme que les lois en avoient

C

queurs fortes. Considérant que le grand ouvrage qu'ils avoient entrepris n'étoit pas
fini, et qu'il falloit veiller toute la nuit dans
la crainte d'une surprise.

Tout ceux qui ont contribué à la prise de
cette forteresse, ont reçu de la municipalité
de Paris un ruban aux couleurs nationales,
sur lequel est imprimé une image de la
Bastille. Ils portent ce ruban comme la distinction d'un ordre militaire (*).

La municipalité de Paris proposa aussi
une procession solemnelle pour honorer les
funérailles de ceux qui avoient perdu la vie
à cette attaque ; mais s'étant adressée à l'as-

_____

rejetté, demanda, dit-on, qu'on exécuta son arrêt, et
que l'on terminât sa triste carrière. On n'eut pas pour
lui cette compassion cruelle ; on se contenta d'adoucir
son sort, et il est resté en prison jusqu'au jour de la révolution pour servir de monument de la foiblesse de nos
lois et de l'inconséquence d'un gouvernement arbitraire.

On assure que la raison de ce vieillard égarée par sa
longue captivité, ne lui a pas permis de jouir de la liberté
et qu'il a été depuis renfermé dans une maison de
santé.

(*) On sait qu'ils ont eux-mêmes renoncé à cette
distinction et ne la portent plus.

semblée nationale pour l'inviter à envoyer à cette cérémonie une députation de quelques-uns de ses membres, l'assemblée jugea à propos de remettre cette pompe funèbre à un autre tems, parce qu'alors elle auroit pu contribuer à enflammer les esprits du peuple.

Plusieurs personnes m'ont parlé d'un jeune homme, petit, d'une figure commune, qui, la veille de la prise de la Bastille, monta sur une chaise dans le Palais-Royal, pour haranguer la multitude, la conjurant de faire effort pour recouvrer sa liberté et l'assurant que le moment étoit propice. Il parloit avec éloquence et le peuple l'écoutoit avec attention. Lorsqu'il avoit endoctriné autant de gens qu'il y en avoit qui pouvoient l'entendre à la fois, il les prioit de s'éloigner, et il recommençoit sa harangue à une nouvelle troupe.

Parmi les cachots de la Bastille, sont placés sur un monceau de pierres, les figures de deux hommes qui ont imaginé le plan de cette forteresse, et qui y furent ensuite enfermés pour leur vie. Ils sont représentés enchaînés au mur, on les voit sans la moindre émotion de pitié ni de sympathie.

L'homme chargé de la démolition de la Bastille, a fait avec les pierres qui la composoient, quatre vingt-trois modèles de cet édifice, qu'il a envoyé dans un véritable esprit de patriotisme aux quatre-vingt-trois départemens, comme pour avertir les citoyens de veiller toujours sur leur liberté conquise.

LETTRE V.

Je reviens à l'instant de faire une visite à Madame de Sillery, dont les ouvrages sur l'éducation sont si connus et si justement estimés en Angleterre. Elle m'a reçue avec la politesse la plus obligeante. Certainement les français n'ont point d'égaux dans l'art de plaire, dans le talent d'unir aux manières les plus élégantes, cette attention aimable qui semble le produit du sentiment, et qui gagne notre affection en charmant notre amour propre. Madame de Sillery et ses pupilles sont à présent à saint-Leu, jolie habitation située dans la riche vallée de Montmorency. M. d'Orléans a certainement rendu à ses enfans un très grand service en les confiant aux soins de cette dame. Je n'ai point vu de jeunes gens avoir des dispositions plus heureuses ; leur façon d'être est charmante, aussi éloignée de la hauteur que de cette politesse contrainte que j'ai trouvée dans beaucoup de grands, et qui n'est pas moins gênante pour eux que désobligeante pour les autres. La princesse qui est agée de 13 ans, a des traits pleins de la plus douce expression. J'ai cru voir l'Adèle de Madame de Sillery, l'héroïne de ses lettres sur l'éducation personnifiée. Les trois princes, quoique sous la surveillance de Madame de Sillery, ont en outre des maîtres qui vivent dans la maison, et qui concourent à leur éducation. L'aîné, M. de Chartres, a près de dix-huit ans. Sa politesse attentive, m'a paru contraster bien singulièrement avec les manières des jeunes gens à la mode, d'une certaine grande capitale, la distraction, l'insouciance qu'ils regardent comme la preuve et le résultat d'une bonne éducation. Mais si j'ai été contente des manières de ce jeune prince j'ai été encore plus satisfaite de le trouver chaud partisan de la nouvelle constitution de la France, et déterminé avec tout l'enthousiasme d'un esprit jeune et d'une ame ardente à sacrifier la splendeur de ses titres au bien général de son pays. Lorsqu'il a su qu'il falloit aussi lui sacrifier sa fortune, et que l'immense propriété qu'il avoit été accoutumé de regarder comme son héritage, devoit être un jour partagée par égale portion avec ses freres, il les embrassa avec transport, déclarant qu'il adoptoit avec joie ce systême de partage. Un Prince démocrate ! c'est en soi quelque chose d'assez extraordinaire. Je fus beaucoup moins surprise de trouver dans Madame de Sillery, des

sentimens qui conviennent si bien à un esprit éclairé et à une ame élevée. Je vous ai
nommé cette dame de Sillery, parce que
c'est le nom qu'elle a rendu célèbre, et sous
lequel elle est connue en Angleterre ; mais
depuis le décret de l'assemblée nationale,
qui a aboli la nobleese, elle a renoncée au
nom de Sillery ainsi qu'à ses titres, et a pris
celui de Brulart.

Elle m'a parlé des distinction de rang
en vraie philosophe ; et m'a dit qn'il lui
sembloit absurde et ridicule de faire des
récompenses du mérite personnel, l'héritage
de gens qui souvent ont si peu de droit à
de pareils distinctions , qu'elles semblent
destinées à leur reprocher tacitement leur
conduite et leur caractère. Les argumens
contre la noblesse héréditaire peuvent satisfaire un esprit comme celui de madame
Brulart. Mais je connois quelques françaises
qui conservent à ce sujet des idées fort
différentes , qui ne voient aucun inconvé-
nient dans l'institution de la noblesse , et
qui ont porté si loin l'amour de leurs droits
aristocratiques, qu'elles ont passé au lit une
journée entière dans un accès de désespoir ,
lorsqu'il leur a fallu quitter les titres agréables
de comtesse et de marquise auxquels leurs

oreilles étoient depuis si long tems accou-
tumées.

Mais je dois rendre justice aux dames
françaises. Le nombre de celles·qui ont
murmuré de la perte de leur rang est très-
petit comparé à celles qui ont montré un
véritable esprit de patriotisme, et qui, pleine
de ces sentimens généreux qui conviennent
au coeur· d'une femme , se sont fait un
honneur de sacrifier au bien commun leurs
titres, leur fortune et même ces ornemens
extérieurs auxquels, en secret, notre amour
propre attache un si grand prix. Ce sont
des femmes qui ont donné l'exemple et
l'idée du don patriotique , en apportant
leurs bijoux sur l'autel de la patrie ; et si
les romaines par des actions de ce genre
ont mérité jadis l'applaudissement de la
postérité , les françaises auront droit sans
doute à l'admiration des siècles futurs.

Les femmes ont eu certainement une
grande part à la révolution de France ;
car, quoiqu'en puissent dire ces êtres or-
gueilleux, qui se disent nos maîtres , les
événemens grands ou petits, qui se passent
sur la scène du monde, dépendent toujours
plus ou moins de notre influence, et nous
agissons souvent dans les affaires de la vie,
comme font en méchanique ces ressorts se-

crets, qui, quoiqu'invisibles, produisent et
règlent les plus grands mouvemens (1).

Mais, revenons à madame Brulart, qui
porte à son col un médaillon fait d'une
pierre polie de la bastille. Au milieu du
médaillon, est écrit en diamans : *liberté*.
Au-dessus est marquée, aussi en diamans,
la planette qui brilloit le 14 juillet, et
au-dessous est la lune représentée de la
grandeur qu'elle avoit ce jour mémorable.
Autour du médaillon est une guirlande de
laurier composée d'émeraudes et attachée
avec une cocarde nationale, formée de pierres précieuses aux trois couleurs de la nation.

_____

(1) La célèbre princesse Palatine et Madame de
Chevreuse, qui avoient joué l'une et l'autre un si
grand rôle dans les troubles ridicules de la france,
s'entretenoient un jour sur cette matière. La princesse
Palatine soutenoit qu'il n'y avoit point de grande réputation, point de grande fortune, point de grand
événement, ou de près ou de loin l'amour n'eut contribué pour quelque chose. Elles étoient auprès d'une
fenêtre et virent passer, dans ce moment, le général
des capucins qui étoit alors à Paris. Par exemple ajouta-
t-elle, je parie que c'est à l'amour que ce moine a
dû son élévation. On assure que la princesse auroit
gagné son pari.

Notre conversation , au sujet de la Bastille , conduisit madame Brulart à nous raconter une action de M. de Chartres, qui fait le plus grand honneur à son humanité. Etant en Normandie , il alla visiter le mont St-Michel , forteresse bâtie sur un rocher qui s'avance d'une lieue et demie en mer hors de la côte. La marée baigne cet espace deux fois par jour; mais à la mer basse, on peut passer au pied. Le mont St-Michel étoit autrefois une église bâtie par un bon évêque du septième siècle, en l'honneur de St-Michel , qui , dit-on , lui apparut en vision dans cet endroit. Richard Ier du nom , duc de Normandie , fit de l'église une abbaye , et cette abbaye donna depuis naissance à l'ordre militaire des chevaliers de St-Michel, institué par Louis XI. Après avoir vu les précieuses reliques de l'abbaye, le bouclier quarré et la courte épée trouvée en Irlande auprès du corps du dragon fameux dont on attribue la défaite à St-Michel , M. de Chartres alla voir les souterrains de l'édifice. Il parvint, après bien des détours, à un endroit où on lui montra une cage de bois qui avoit été construite par ordre de Louis XIV, pour servir de prison à un malheureux bel esprit qui avoit osé tourner en ridicule l'expédition de ce monarque dans la Hollande , qu'il perdit presqu'aussi-tôt qu'il l'avoit conquise. M. de Chartres ne put voir sans horreur ce monument de tyrannie dans lequel on renfermoit encore souvent des prisonniers, et il exprima avec force l'indignation dont il étoit rempli. Quelqu'un lui dit alors qu'en sa qualité de prince du sang, il avoit droit de faire detruire cette cage , s'il le jugeoit à propos. L'avis étoit à peine prononcé , que le prince saisit une hache qui se trouvoit sous sa main, et porte lui-même le premier coup à cet exécrable machine. Il voulut qu'on achevât de la briser en sa présence , et peut ainsi se glorifier d'avoir même , avant le démolition de la bastille , commencé la révolution française.

Nous avons trouvé à St-Leu une jeune anglaise attachée à la princesse , et dont la figure est propre à donner l'idée la plus avantageuse des beautés de son pays. Je n'ai jamais vu de traits plus réguliers, ni de phisionomie plus aimable. Madame Brulart, qui l'a élevée, m'a assuré que son ame tient tout ce que promet son visage. Cette jeune personne m'a parlé de son pays avec une ardeur , une satisfaction bien flatteuse pour mon cœur. Elle semble

jetter les yeux avec plaisir sur ce qui a
le plus contribué à la gloire de l'Angleterre , et commande à son ame de sympa-
thiser avec la mienne.

» Cast a'look where England's glories shine
» And bids her bosom sympathise with mine ».

LETTRE VI.

J'ai été à l'assemblée nationale dans un moment où tous les billets d'entrée étoient distribués aux députés des provinces ; nous sommes entrées ma soeur et moi sans billets, grace à l'officier de garde qui nous a introduites et fait placer dans les meilleures places, auparavant que les portes fussent ouvertes à personne. Nous n'avions aucune liaison avec cet officier, aucun droit à sa complaisance, que celui d'être femmes et étrangères. Mais ce sont là de tous les titres les plus puissans auprès de la politesse française.

Ma soeur me dit que nos places, qui étoient précisément en face de la tribune où parlent les orateurs, lui rappeloient la peine que nous avions eu à nous placer de la même manière dans la salle de Wesminster. Remarquez, lui répondis-je, que nous n'avons pas eu la moindre peine à nous placer ici. Je crois au surplus que si la réputation et l'éloquence de M. Fox engageoient une femme française à se présenter sans billet à la porte de la salle de Wesminster, elle pourroit y rester aussi long tems qu'a duré le procès de M. Hastings, sans pouvoir seulement passer la barrière.

La salle de l'assemblée nationale est longue et étroite ; à chaque bout il y a une gallerie où les gens du peuple peuvent entrer, en venant de bon matin retenir des numéros qui sont écrits à la porte. Celui qui se place au premier de ces numéros entre le premier. Le nombre des places étant fixé, il ne peut jamais y avoir ni confusion ni désordre. Les galleries qui sont le long de la salle sont divisées par loges, que l'on appèle tribunes. Elles appartiennent aux principaux membres de l'assemblée nationale (1), et c'est à ces places que l'on entre par billets. Autour de la salle sont des rangs de sièges élevés en forme d'amphi-

---

(1) Miss Williams se trompe. 1°. Tous les membres de l'assemblée, comme tous les citoyens de la France, sont égaux, il n'y en a de principaux qu'en talens et en patriotisme. 2°. Les tribunes appartiennent à tous et chacun donne à son tour des billets pour y entrer. Il n'y a que M. de Gouy-d'Arcy qui, je ne sais pourquoi ni comment, en a une à lui tout seul.

théâtre, où sont assis les membres de l'assemblée. Immédiatement en face du fauteuil
du président est la tribune où montent les
orateurs, lorsqu'ils veulent parler. Un objet
important dans les débats de l'assemblée
est de savoir qui parlera le premier. Car,
tout le monde en général y paroît plus
disposé à parler qu'à écouter. Souvent le
président, agite envain la sonnette, ou avec
la vivacité d'action naturelle aux français (1) étend les bras et tâche inutilement
d'imposer silence, tandis que six huissiers,
destinés à maintenir l'ordre y travaillent
avec moins de succès encore que le président lui-même. Mais on ne s'étonne plus
que les séances de l'assemblée soient si tumultueuses, quand on pense à l'importance
des objets de ses délibérations. Ce n'est pas
seulement de la fortune et de la vie des
individus qu'il s'agit, c'est de l'existence
de la France elle-même; et qu'importe que

(1) Les anglois nous trouvent aussi pantomimes que
nous le paroissent les italiens. Il est à remarquer que
lors de la séance à laquelle a assisté miss Williams,
le fauteuil étoit occupé par M. de Bonnay l'un des
présidens les plus mesurés et certainement le plus écou-
té qu'ait eu l'assemblée.

les débats soient tumultueux , si les décrets qui passent sont sages et utiles , et si la constitution s'élève au milieu de ce tumulte , comme l'ordre et la beauté de la nature sortent du sein du cahos et de la confusion des élémens. J'ai entendu parler plusieurs membres ; mais je suis si peu en état de juger de leur éloquence , que sans examiner si j'avois ou non raison d'avoir du plaisir , je vous dirai seulement que je me suis fort amusée.

Voilà donc, me disai-je à moi-même avec un sentiment de joie, l'assemblée nationale de France. Ces hommes que je vois là sous mes yeux sont ceux qui occupent l'attention de l'Europe étonnée , dont les nations en suspens attendent impatiemment les décrets, et dont la renommée a déjà porté les noms dans toutes les régions civilisées du globe ! Voilà ces hommes dont le courage leur a procuré le pouvoir de détruire une constitution antique et vicieuse, assez sages pour en ériger une nouvelle , d'après des principes de perfection qu'on avoit jusqu'ici regardé comme des chimères bonnes tout au plus à décorer quelques systêmes de philosophie , qui ont cru que les grandes vérités de la morale éternelle pouvoient être mises en pratique, et qui ont osé le tenter.

Mon

Mon ame avec un plaisir inexprimable franchissant l'intervalle des siècles, antici- poit sur la gloire de ces législateurs et com- temploit ce période où toutes les nations de l'Europe adoptant le système bienfaisant dont la France s'honore, verra disparoître la politique tortueuse des temps modernes, pour voir régner à sa place la raison la science et la vertu.

On nous a indiqué les personnages les plus célèbres de l'assemblée nationale. Entr'autres M. Barnave député du Dau- phiné, âgé seulement de vingt-six ans, membre le plus jeune de cette assemblée, excepté M. Mathieu Montmorency; on le regarde comme en étant le premier orateur, et le chef du parti démocratique. Je ne crois pas que M. Barnave soit redevable à ses seuls talens, quelques brillants qu'ils soient, de toute la réputation dont il jouit : c'est à ses vertus sans doute, qu'il doit une portion considérable des applaudissemens que lui prodigue sa patrie; il s'est toujours montré aussi ferme dans ses principes qu'é- loquent dans les différentes questions qui ont été agitées. Il n'a jamais cessé de dé- fendre la cause des peuples avec autant de constance que de droiture. L'assemblée a adopté avec empressement presque toutes les

D

motions qu'il a faites, aussi jamais il n'a
proposé de décret dont le but n'ait été d'une
utilité évidente. C'est lui qui a modifié le
mémorable décret qui a privé le roi du pouvoir de déclarer la guerre sans le consen-
tement de la nation. M. Barnave est adoré
du peuple qui, plus d'une fois, a dételé les
chevaux de sa voiture et l'a porté dans les
rues de Paris en triomphe.

Nous y vîmes aussi M. Mirabeau l'aîné,
dont le génie est de la première classe, mais
qui jouit actuellement d'une très petite portion de l'amour du peuple. Cependant, je
ne crains pas de me déclarer comme une de
ses plus zélées admiratrices ; indépendam-
ment de cet enthousiasme qu'inspirent à
mon cœur de grands talens, M. Mirabeau
a d'autres droits non moins puissans sur
mon estime : il est l'ami décidé des malheureux Africains (*) , et c'est à ce titre que je
ne puis ni ne veux cesser de l'aimer. Il a
proposé l'abolition de la traite des Nègres à
l'assemblée nationale, et quoique la discussion sur cet objet, ait été nécessairement
différée pour faire place à des délibérations

***

(1) Miss Williams est auteur d'un poëme du premier
mérite en faveur des malheureux noirs.

d'un intérêt majeur pour la patrie, il pourra bien arriver, si nos sénateurs laissent
traîner encore en longueur cet objet intéressant, que les Français ayent la gloire de
donner un pareil exemple, et que nous
soyons réduits à le suivre. Mais non : je
ne puis croire que l'Angleterre se laisse
jamais donner des leçons d'humanité par
une nation quelconque. Je ne puis croire
que la chambre des communes s'obstine à
conclure que ce qui est évidemment injuste
en morale, puisse jamais être juste en politique ; que la vertu et la prospérité d'un
peuple se trouvent en contradiction, et
qu'un pays aussi fécond en sources de
grandeur et de richesses, manque de moyens
pour combler un canal corrompu dont le
courant est teint du sang de ses semblables.

Croire un instant que les Anglais puissent s'obstiner à suivre un plan aussi cruel,
c'est insulter à leur générosité, leur caractère, leur honneur. En admettant néanmoins
une pareille supposition quelque pénible
qu'elle soit, en supposant, dis-je, qu'ils se
décident à persister dans ce système inhu-
main, ils ne feront que retarder l'abolition de l'esclavage qui arrivera infaillible-
ment, malgré leurs efforts. Les Africains
n'ont pas long-temps à souffrir, le triomphe

de leurs oppresseurs touche à son terme, l'Europe avance à pas rapides vers une époque trop éclairée pour que d'aussi monstrueux abus puissent subsister. Les brouillards de l'ignorance et de l'erreur se dissipent à vue d'œil, les rayons d'une philosophie bienfaisante se répandent avec éclat sur toutes les nations de la terre. Mais où ces malheureux enfans de la captivité vont-ils m'entraîner ? Me voilà bien loin de l'assemblée nationale où j'étois n'aguè e si heureusement assise ; je vous en parlerai dans ma lettre suivante.

LETTRE VII.

L'ABBÉ Maury est un des membres les plus distingués de l'assemblée nationale. Il est doué des plus grands talens oratoires ; mais il en abuse en les faisant servir à de vils objets d'intérêt. S'il eût employé à défendre la liberté civile et religieuse, la même éloquence dont il s'est servi pour soutenir les prétentions exhorbitantes du clergé, il eût mérité de sa patrie les plus grands éloges ; mais il a suivi un tout autre chemin, en appelant à son secours l'auxiliaire le plus indigne du génie, en se servant de cette subtilité qui s'efforce de substituer des sophismes à la raison, et il a fini par être plus détesté qu'admiré. Rien ne me surprend moins, que de voir une petite ame, tentée quelquefois par de sordides motifs d'intérêt, marcher dans des sentiers aussi honteux ; mais ce qui m'étonne, c'est que le génie puisse se laisser séduire au point de quitter le champ glorieux d'une réputation honorable, pour s'égarer dans

D 3

ces chemins tortueux où il ne rencontre
aucun objet digne de son ambition ; mais
en voilà assez. Il est tems que je vous raconte un bon mot de cet abbé Maury. En
sortant un jour de l'assemblée, après avoir
fait une motion très - peu populaire, le
peuple le salua avec le cri un peu trop à la
mode, il est vrai, *à la lanterne*. L'abbé se
retournant vers la foule, répondit avec
autant de courage que d'esprit : « Eh bien,
messieurs, si j'étois à la lanterne, y ver-
riez-vous plus clair »? Avant la révolution, l'abbé Maury possédoit huit cents
fermes ; cet événement lui a fait perdre
soixante mille livres de rente. Je viens d'a-
cheter son portrait, enfermé dans une ta-
batière : en touchant un ressort, monsieur
l'abbé saute de dessous le couvercle, et se
présente aux risées des spectateurs. La plai-
santerie, il est vrai, est un peu usée dans
ce pays-ci, mais je ne manquerai pas d'em-
porter M. l'abbé en Angleterre, où il four-
nira quelqu'amusement à nos amis.

Parmi les membres de l'assemblée nationale, on voit un personnage singulier,
quoique respectable à tous égards. C'est un
député de Bretagne, connu sous le nom
du père Gerard. Ce vénérable vieillard, qui
est laboureur, nous rappelle le souvenir

de ces jours où l'on appeloit des généraux
de la charrue, pour leur confier le commandement des armées. Le costume du
père Gerard est un habit de gros drap, que
portent ordinairement les paysans de la
Bretagne ; telle est la solidité du tissu de
cette étoffe , qu'un habit passe souvent en
ligne droite d'une génération à l'autre. Cette
espèce de drap s'appelle pinchina, et le roi
qui a reçu plusieurs adresses de l'assemblée
de la main du vieux Breton , l'appelle en
badinage le père Pinchina. Le jour que je
l'ai vu, il portoit cet habit éternel , avec
des bas de laine relevés et attachés par des
jarretières au-dessus du genoux ; mais ce
que je remarquai, et faisoit le plus de plaisir
dans son extérieur , c'étoit les longs che-
veux blancs qui flottoient sur ses épaules·,
ornement , je le sais , que vous avez toujours admiré.

Le respectable père Gerard se vante de
descendre d'une race de députés, son bi-
sayeul ayant été élu député aux états-gé-
néraux de 1614, la dernière assemblée des
états avant l'époque mémorable où leurs
successeurs ont opéré la révolution.

On sait que le jour où les femmes des
artistes de la capitale donnèrent l'exemple
d'un don patriotique , en offrant leurs bi-

joux à la nation , la plupart des membres
de l'assemblée, dans un mouvement d'enthousiasme , ôtèrent les boucles d'argent de
leurs souliers , et les déposèrent sur le bu-
reau.

Le père Gerard se leva , et s'adressant à
l'assemblée dit, que ses boucles étant de
cuivre, il lui étoit impossible de suivre leur
exemple ; mais, ajouta-t-il , je continuerai
de servir ma patrie sans salaire , voilà mon
don patriotique. L'assemblée donna l'éloge
qu'elle méritoit à la belle déclaration du
vieillard , et le peuple le porta en triomphe
sur ses épaules , le jour de la fédération du
Champ-de-Mars , jusqu'à sa demeure.

Les deux frères Charles et Alexandre
Lameth , et M. Rabaud de Saint-Etienne ,
sont comptés parmi les premiers patriotes
de l'assemblée. Tous les trois ont la réputation d'avoir de grands talens. Les Français, qui aiment ce qu'ils appellent un équi-
voque, vous disent, « qu'un Rabaud vaut
deux Mirabeau ».

Les séances de l'assemblée , quoiqu'encore tumultueuses , le sont moins qu'elles
ne l'étoient au commencement. J'ai appris
d'un particulier , qui s'est trouvé dans la
salle le jour qu'on avoit proposé d'abolir
les monastères , que les esprits étoient tel-

lement exaltés à cette occasion, qu'il ne
s'étoit attendu à rien moins qu'à voir la
discussion se terminer par un massacre. Il
m'a raconté en même - tems une anecdote
caractéristique, s'il en fut, de la vivacité
Française. Un des membres qui parloit à
la tribune, s'exprimoit ainsi sur ce sujet.
« Quest-ce qu'un moine ? -- Un homme
qui a renoncé à pères et mères, à tous les
liens, à toutes les affections les plus chères
de la nature ! et pour qui ? --- avant que
l'orateur eût pu terminer sa phrase, un
membre placé à l'autre bout de la salle, s'é-
cria : ,, pour une puissance étrangère ,,,
au grand scandale du côté droit, auquel le
grand nombre de membres du clergé qui
s'y trouvent, a valu le titre mieux connu
de côté des *noirs*.

Les démocrates se placent d'un côté de
la salle, les aristocrates de l'autre. Les spectateurs dans les galeries, prennent intérêt
dans les débats, au point d'exprimer souvent leur approbation, en battant les mains
avec beaucoup de violence. Le jour que j'é-
tois à l'assemblée, la discussion rouloit sur
les pensions à accorder aux militaires. Un
vieux maréchal de France se leva et déclara
que c'étoit des honneurs, et non pas des récompenses pécuniaires qu'il demandoit

pour les services qu'il avoit rendus à la patrie. L'assemblée l'a beaucoup applaudi, et les galeries ont concourus à ce témoignage d'approbation. Un jeune français, assis à côté de moi, me dit à l'oreille : ,, Monsieur trouve apparemment que l'argent l'incommode ,,.

Les membres de l'assemblée nationale reçoivent dix-huit livres par jour, pour les indemniser de leurs frais, tandis qu'en Angleterre, un candidat qui brigue une place dans la chambre des communes, dépense très-souvent plusieurs milliers de livres sterlings, et avec une générosité magnifique, s'amuse à enivrer les habitans de toute une province pendant huit jours, dans la seule intention *sans doute*, de posséder le privilège de servir sa patrie sans paie !

Pour être éligible à l'assemblée nationale il faut posséder des biens en terre ou en maisons, qui payent d'impôts la valeur d'un marc d'argent, estimé à un peu plus de cinquante-quatre livres. Pour être citoyen actif, il faut payer au gouvernement la valeur de trois journées de travail en impots. Chaque centaine de citoyens actifs, est représentée par un électeur qu'ils nomment, et qui doit payer la valeur de dix journées de travail. Les électeurs de département se réunissent dans une seule assemblée, et choisissent dans leur sein les administrateurs du département. Les mêmes électeurs auront également à choisir les députés de ce département à l'assemblée nationale, et les autres fonctionnaires publics. Ainsi il n'existera qu'un intermédiaire entre la classe la plus pauvre de citoyens actifs et les membres de l'assemblée nationale.

Je viens d'être interrompue par un ami qui m'a raconté un trait si intéressant que je ne peux vous parler d'autre chose pour le moment ; je vous le rends tel qu'on vient de me le dire, et dans la première émotion dont je n'ai pu me défendre. Pendant que l'assemblée nationale délibéroit sur le partage des biens entre les freres , un jeune homme (*) de la plus haute naissance, héritier d'une grande fortune et député à l'assemblée nationale, entre précipitamment, et montant à la tribune , s'adresse avec sensibilité à l'assemblée, et dit qu'il venoit d'apprendre la nouvelle que son pere étoit mourant ; qu'il est son fils aîné, qu'il n'a pas perdu un instant pour venir conjurer l'assemblée de porter sans delai le décret équitable qui accorderoit aux cadets le partage égal avec

_____

(*) C'étoit, à ce que nous croyons , M. de Croy.

leur aîné, pour que son pere, dit-il, pût avoir la satisfaction, avant son dernier soupir, de savoir ses enfans tous également pourvus. Si votre cœur n'est pas vivement touché de tant de générosité, il faut que vous en ayiez lu le récit dans des dispositions bien différentes de celles où je me trouve en vous l'écrivant ; mais si au contraire, vous êtes devenue amoureuse de ce jeune français, ne croyez pas que cette passion vous soit particulière, j'en suis moi-même éperdument amoureuse.

LETTRE VIII.

VOUS ignorez peut-être, que le jour de la fédération à Paris, on a prêté le serment civique à midi, dans toute l'étendue du royaume

A Rouen, quantité de cultivateurs et de paysans ont suivi la procession, portans à la main leurs instrumens de labourage décorés de rubans aux couleurs de la nation. La garde nationale portoit des branches d'arbre aux chapeaux. Un français de mes amis qui entend parfaitement l'anglais, et qui lit Shakespeare, m'a dit que la vue de cette milice nombreuse en marche, ornée de cette façon, lui avoit rappelé le voyage de la forêt de Birnham à Dunsinane, prédit par les Pythonisses dans la belle tragédie de Macbeth.

Les chefs de la révolution française, connoissent parfaitement le coeur humain. Ils ne se sont pas fiés à la force de la raison seule ; ils ont encore cherché à intéresser dans leur cause, les passions les plus puissantes de la nature, en instituant des fêtes solemnelles, faites pour éveiller cette sympathie générale, qui se communique avec une énergie irrésistible d'un coeur à l'autre, qui pénètre toutes les ames, et qui remplit les yeux des larmes les plus délicieuses.

J'ai entendu parler d'une procession qui a eu lieu il n'y a pas longtems dans un des districts de Paris, où cinq cent demoiselles ont marché, habillées de blanc, ornées de cocardes nationales, et menant à leur suite nombre de prisonniers qu'on venoit de tirer de leurs cachots ; on les a conduit à l'église, la figure couverte d'un long voile, pour y rendre des actions de graces, de leur délivrance.

C'est ainsi que les chefs de la révolution ont appellé la beauté à leur aide, sachant bien qu'une jolie figure agiroit avec plus de force que les meilleurs argumens, sur les coeurs galans et sensibles des français.

Je viens de lire une lettre particulière, écrite de la petite ville de Negre-Pelisse, à environ quatre lieues de Montauban, où les habitans ont montré, le jour de la fédération, une grandeur d'ame qui les honorent, non-seulement eux-mêmes, mais le siècle dans lequel ils vivent. La garde nationale de cette petite ville et de ses environs, s'est assemblée pour prêter le serment civique. Une moitié des habitans est protestante, l'autre moitié catholique ; le curé et le ministre protestant sont montés au même autel dressé par tous les citoyens, et après avoir fait prêter le serment au même instant l'un et l'autre à ses ouailles, ils se sont réunis, catholiques et protestans, pour entonner un *Te Deum*, en l'honneur *du même Dieu.*

Certes, jamais aucun culte n'a été plus agréable aux yeux du divin auteur de la religion chrétienne, de celui qui ne prêche que l'amour universel ! Certes, si jamais l'encens d'un pur hommage doit monter au ciel, c'étoit le jour que les catholiques et les protestans de Negre - Pelisse, l'ont offert ensemble à l'éternel.

Le service fini, cette aimable société est aller en procession à un endroit où l'on avoit préparé un feu d'artifice ; un cierge destiné à allumer la mêche, avoit été réservé comme une marque d'honneur à M. le curé ; celui-ci insista que le ministre protestant partageât cette distinction avec lui, et il l'a obligé d'en accepter un autre de ses mains. Le feu d'artifice représentoit deux arbres. L'un tortueux et difforme, offroit l'emblême de l'aristocratie ; il fut bientôt consumé ; soudain on vit s'élever comme des cendres du premier, un jeune arbre droit et vigoureux , symbole du patriotisme , il a brillé d'un nouvel éclat , sans interruption jusqu'à la fin (1).

En jetant un regard sur l'ignorance , la superstition et les persécutions barbares des siècles gothiques , il est impossible de ne pas se féliciter de vivre dans un moment éclairé où des maux ne sont connus que de nom ; où des différences d'opinion sur certains dogmes , ont cessé d'être regardées comme des crimes , où l'homme a fait autant de découvertes importantes en morale qu'en science , où l'on cultive la liberté de penser avec autant de succès que les arts et les belles-lettres , dans un moment enfin , (et vous n'êtes pas certainement de celles qui me soupçonneront d'avoir renoncé à être bonne Anglaise) où l'on a le bonheur d'être témoin d'un événement aussi sublime que la révolution de France ?

(1) Jouissez de notre bonheur , généreuse et aimable emme ; une lettre que nous recevons, à l'instant, de Vauvert, bourg voisin de Negre-Pelisse et que nous donnons avec plaisir à nos lecteurs, prouvera que le

Lettre

Lettre d'un citoyen de Vauvert à son ami de Nismes, 25 décembre 1790.

Vous savez combien je suis exact à vous instruire de tout ce qui se passe dans ma patrie. Parmi les faits dont je vous ai déja fait part, et qui prouvent tous combien nous sommes unis , vous avez fort bien distingué mon procès-verbal de la fédération générale : aussi est-ce la plus grande preuve que les catholiques et les protestans aient donné de leur singulière concorde et de leur entier dévouement pour la constitution. La scène des deux pasteurs est sur-tout des plus frappantes , et devroit servir de modèle à tous les pasteurs du monde.

Je passe au récit de ce qui vient de se passer parmi nous , et vous jugerez si , quand les catholiques et les protestans se jurèrent , le 14 juillet, amour et fraternité mutuelle, ce serment partoit du fond des cœurs, et s'ils y ont été fidèles.

même accord . que l'union la plus parfaite règne toujours parmi la grande majorité de nos concitoyens des deux religions , dans nos provinces méridionnales , malgré tous les efforts des fanatiques.

D

Depuis quelque tems un bruit sourd , souf-
flé par le fanatisme , se répandoit dans le
midi de la France ; on disoit, dans l'obscurité , que les protestans devoient égorger les
catholiques , dans les églises , la veille de
noel. Ce bruit , dont toute la réalité étoit
dans ces affreuses intentions , n'atteignoit
pas les personnes qui pensent, et alloit s'em-
parant des esprits foibles et superstitieux.
Ainsi croit-on aux revenans.

Le monstre parvint à Vauvert , et fut
d'abord se nicher dans le cerveau d'une
femme imbécille. De ce digne poste il tâ-
choit de faire des progrès et de gagner les
cagots et cagotes du pays.

Quelques sourdes que fussent ces menées,
elles transpirèrent sept à huit jours avant
noël ; et , tant les catholiques que les protestans, tous furent indignés d'un bruit qui
tendoit à troubler l'heureuse harmonie qui
règne parmi eux. La municipalité en fut
bientôt instruite ; elle s'est conduite dans
cette occasion avec le zèle et la prudence
qui lui sont ordinaires ; elle fit mettre en
prison la pauvre femme , et fit toutes les
perquisitions nécessaires pour rassurer les
personnes crédules qui avoient pu ajouter
foi à un bruit si invraisemblable.

La garde nationale , qui se trouvoit plus

directement compromise , parce qu'elle est la force armée , demanda avec la plus vive instance , malgré la rigueur des nuits , d'être mise sur pied , pour veiller à la sûreté des rues et à la décence dans l'église. La municipalité et l'état-major ne voulurent pas user , sans nécessité , des bonnes intentions de la garde nationale et disposèrent cependant les choses pour qu'il y eût dix corps-de-garde et un piquet de trente hommes dans l'église. La compagnie de dragons fut chargée de la garde du dehors , et de la maison de M. le curé.

La nuit où l'on célèbre la naissance de Jesus-Christ arrive. Dès les six heures du soir la garde nationale monte la parade , et va se placer dans les lieux indiqués. La foule fut prodigieuse dans l'église ; les protestans gardoient autant de décence que les catholiques mêmes , et jamais on ne vit tant de monde et si peu de bruit.

A minuit , immédiatement avant la messe , M. Sollier, curé , parut à la chaire , et fit un discours d'abondance , si attendrissant et si pathétique que tout le monde fondit en larmes...,, L'holocauste le plus agréable , le sacrifice le plu' digne que les chrétiens puissent offrir au sauveur du monde , dont nous célébrons cette nuit la naissance,

est, dit M. le curé, ce que vous tous catholiques et protestans, faites dans ce saint
temple ; vous vous aimez les uns les autres !
Ah ! vous donnez la preuve la plus authen-
tique que vous êtes les disciples d'un même
Dieu ; que vous accomplissez la loi favorite
de Jesus-christ, vous pratiquez la charité.

Paix, fraternité, concorde, vertus célestes,
vous dispensez sur ce bon peuple vos bienfaits ineffables.

,, Mes frères, mes chers paroissiens, Dieu
vous dit, par ma bouche, qu'il vous voit
d'un oeil satisfaissant ; que vous êtes ses enfans chéris.

,, Peuples de l'univers, quelque région
que vous habitiez, quelle que soit la religion
que vous professiez, sous quelque gouvernement que vous viviez, paroissez parmi
nous, dans ce temple auguste du Dieu qui
nous est commun ; voici le sanctuaire de
la paix, de cette vertu magnanime qui, pratiquée d'individu à individu, de ville à ville, de nation à nation, établit la paix perpétuelle, et fait du monde entier une vaste
famille.

,, Et toi, Nismes, ville infortunée, toi
que les malheurs, autant que les rapports
journaliers que nous avons ensemble, nous
font aimer et plaindre, toi, sur qui nous

pleurons amèrement, viens aussi parmi nous, et nous te dispenserons le beaume salutaire qui peut guérir tes blessures.

,, Et nous, mes chers frères catholiques, quel exemple ne nous donnent-ils pas, nos chers frères protestans! La garde nationale, dont ils sont la plus grande partie, veille pour nous au-dedans et au-dehors ; elle n'a pas voulu souffrir qu'aucun de nous partageât le service pénible qu'ils font dans ce moment. Allez adorer la naissance de Jesus-christ, nous ont-ils dit, et nous, nous veillerons sur vous.... De quelle reconnoissance ne devons nous pas être pénétrés !.... Et l'on a pu les calomnier, on a pu leur imputer un complot odieux ! Ah! mes chers catholiques, voyez-les parmi vous! quelle décence ! quelle honnêteté ! quelle discrétion ! ils craignent de vous incommoder par le moindre bruit : oui voilà leur vengeance ; elle est sublime ; elle nous impose les plus grandes obligations.

,, Jurons de ne jamais ternir cette douce sérénité qui nous décore tous ; jurons de vivre toujours en paix, de nous aimer les uns les autres. Dieu témoin de nos vertus pacifiques, nous bénira, et répandra tous ses bienfaits sur nous, sur nos familles, et sur nos biens,,,

La messe commencée, vous vous imaginez bien que le tambour - major, à la tête
de la garde nationale , n'a pas manqué de
faire son service aux passages accoutumés.
D'un autre côté des amateurs ont exécuté
de la musique pendant les trois messes con-
sécutives ; et une chose remarquable, c'est
que , sur douze musiciens qu'ils étoient , il
y en avoit les trois quarts de protestans.

Au sortir de la messe, M. le curé fut accompagné par plusieurs officiers de la garde
nationale. En entrant chez lui, il trouva la
compagnie de dragons rangée en bataille
devant sa maison. Cette troupe à cheval
avoit , pendant toute la nuit , fourni deux
sentinelles à sa porte et battu patrouille au
dehors.

M. Maurin , maire, alla visiter tous les
corps - de - garde , et donna à tous ces braves citoyens soldats tous les éloges que leur
conduite méritoit.

LETTRE IX.

J'ai reçu hier votre lettre, par laquelle vous m'accusez d'avoir mis trop d'enthousiasme dans les tableaux que j'ai faits des fêtes et des réjouissances que l'on fait en France , vous poussez même votre censure jusqu'à me dire que je serai devenue une fière républicaine à mon retour dans mon pays. Pour toute réponse à ces reproches , je vous observerai seulement qu'il est très-difficile (pour peu que l'on soit douée de la moindre sensibilité,) de ne pas partager la félicité générale. C'est de cette sympathie que vient mon amour de la révolution Française. Ma profession de foi politique est une affaire purement de coeur, il auroit été trop absurde de consulter ma tête sur des objets dont elle est aussi peu capable de juger sainement ; auriez vous été étonné d'apprendre, que me trouvant à Rome , j'eusse visité, avec la vénération la plus profonde, chaque lieu où l'on trouve quelques vestiges de son ancienne grandeur ; que j'eusse

D 4

volé au capitole et baisé la terre ou le sé-
nat romain s'assembloit pour délibérer ?
Aurois-je pu voir d'un oeil indifférent, la
fédération du champ de mars, l'assemblée
nationale de France ? Avant de prononcer là-dessus, montrez moi, si cela ce peut,
dans les fastes de l'histoire romaine , un
spectacle ou plus solmenel ou plus touchant
que celui du champ de mars, des efforts
plus grands et plus courageux en faveur de
la liberté que ceux de l'assemblée nationale.
Que la nouvelle forme de gouvernement
qu'on établit maintenant en France , soit
plus ou moins parfaite que la notre, qui en
décidera. tandis que les docteurs se débat-
tent, que les casuistes de l'école n'y sont pas
plus avancés que nous deux ? (1) Nous fe-
rions mieux, je crois, de laisser cette question à la décision de la postérité. En attendant, je désirerois que quelques uns de nos
censeurs politiques , s'avissasent de parler
avec moins de mépris, qu'ils ne le font en
général, de la nouvelle constitution de France ; il leur sied mal de repéter à l'envi

---

(1) Whos aldl decide

» who shall decide vhen doctors disagrec.
and soundest casuists doubt likeyon andme? »

les unes des autres, cette remarque abattre
que les Français ont été trop loin, parce
qu'il leur a plu d'aller plus loin que nous ;
comme s'il n'étoit pas possible que la même influence qu'on accorde sans danger au
pouvoir exécutif en Angleterre, ne pût être
confiée qu'avec risque dans ce moment de
crise au pouvoir exécutif de la France.
Quoiqu'il en soit, il me paroit clair que le
temple de la liberté qu'ils construisent aujourd'hui (1), doit être préféré, à tous égards,
à cet antique et sombre édifice gothique
qu'ils ont détruit de fonds en comble. Aussi
jamais je n'entends mes braves compatriotes, ces hommes qui veillent sans cesse au
maintien de leurs propres droits, qui pré-
fèrent la mort à la perte de la liberté, jamais je ne les entends parler des Français
avec mépris, pour avoir profité de la sublime leçon qu'ils ont reçu de l'Angleterre,
sans soupçonner qu'une basse jalousie se
cache sous une critique peu généreuse. Je
ne puis m'empêcher de croire que, tandis
que les honnêtes et bons commerçans de
notre pays se conduisent avec honneur et

_____

(1) Quoiqu'imparfait dans quelques unes de ses pro-
portions.

noblesse dans leurs marchés ordinaires avec les autres nations, les Anglais en général veuillent faire monopole de la liberté, et se fachent de voir la France réclamer sa portion de cette propriété précieuse (1). Helas ! ne pourra-t-elle s'enrichir sans nous appauvrir! Les Français, au contraire, paroissent avoir aspiré avec les principes de liberté, les sentimens d'un profond respect et d'amitié envers ce peuple, qu'ils reconnoissent avec plaisir pour leurs maîtres dans cette science. Pour me servir de leurs propres expressions, ils sont devenus fous des Anglais, au point même de se flatter de la fausse idée que les applaudissemens qu'ils viennent de recevoir d'une société de philosophes dans notre pays, est la voix générale de la nation ?

C'est aux politiques à décider si les matériaux, dont la nouvelle constitution est composée, sont durables ou non ; mais sans être doué d'une sagacité extraordinaire, on peut prédire que désormais les Français seront libres. L'amour de la liberté a pénétré toutes les classes du peuple, et s'il lui faut

_____

(1) Voilà, en peu de mots, une réponse complette à tous les sophismes de M. Burke.

payer ses bienfaits de son sang, il ne ba-
lancera pas de l'obtenir à ce prix (1). *» Le
paysan d'aujourd'hui calcule avec ses droits ;
il apprend à se respecter , il connoit la dignité
de son être.*

L'enthousiasme de la liberté se montre
non-seulement dans les fêtes solemnelles, fait
le sujet de leurs entretiens les plus sérieux,
mais il se mêle encore à la gaîté de leurs plaisirs domestiques. Dans leurs conversations
particulières, c'est toujours la liberté qui
fait la matière de leurs discussions ; dansent-
ils, les figures de la contredance sont toujours adaptées à un air national ; chantent-
ils, c'est pour réitérer le voeu de fidélité à
la constitution, tous les assistans font chorus, et levant gaiment la main, consacrent
par cet acte, le plus cher de leurs sentimens.

Dans toutes les rues, l'on voit des enfans faire des évolutions militaires, porter
des bannières de papiers aux couleurs de la
nation, et des bonnets de la même compo-
sition. Ils sont armés, mais non avec des
épées tranchantes comme fier-à-bras de bel-
liqueuse mémoire.

» (1) While ev'n the peasant boast his Kights to scan,
» And learns to venerate hinnself as man ».

Enfin, la liberté paroît en France ornée de toute la fraîcheur de la jeunesse ; elle est aimée avec toute l'ardeur de la passion. En Angleterre, on la voit dans son état de maturité, c'est une matrone qu'on regarde avec une sobre vénération, comme d'autres dames arrivées à la même époque.

Quant à moi, je vous l'avoue, que tout en admirant la révolution de France, je mêle les sentimens d'une amitié particulière à la sympathie qui me touche par rapport à la félicité publique ; l'idée de l'ancien régime se trouve trop liée dans mon ame avec l'image d'un ami qui a gémi long-tems dans la sombre solitude d'un cachot, et languit dans une captivité sans espoir. La nouvelle constitution, au contraire, ne se sépare jamais dans mon esprit de la douce idée de son retour à la prospérité, aux honneurs, et au bonheur.

Ce personnage est, Monsieur Du f....., à la femme duquel je suis venue rendre visite en France. Ce sont des amis avec lesquels j'ai pleuré dans leurs jours de malheur ; je me suis empressée de me réjouir, avec eux, de la prospérité qui les attend. Leur histoire est des plus touchantes ; l'instant où je serai

débarassée du fracas de Paris, pour les accompagner à leur chateau en Normandie ,
je vous ferai part de quelques incidens aussi
pathétiques que vous puissiez en trouver
dans les romans.

LETTRE X.

NOUS avons parcouru Paris ces jours-ci
en voiture, avec une précipitation dont vous
n'avez point d'idée. Cette ville ressemble à
peu-près à celle de Londres, (si vous me
permettez la comparaison ,) de la manière
dont les grands objets qu'offre la nature d'un
pays rude et inculte , peuvent contraster
avec des beautés douces et régulières d'une
scène richement cultivée. Les rues de Paris
sont étroites , sombres , et boueuses , mais
ces défauts sont rachetés par de superbes
édifices qui attirent puissamment l'attention.
Les rues de Londres sont larges , aérées ,
éclairées et élégantes ; mais il est inutile de
vous observer qu'elles ne conduisent à presqu'aucun bâtiment qui ne mérite le mépris
des étrangers. C'est donc à Londres qu'on
voit plus généralement ce qu'il y a de beau ,
à Paris ce qu'il y a de sublime , selon la dé-
finition que nous a donné M. Burke (*) de

_____

(*) M. Burke à débuté par un excellent ouvrage sur

ces différentes sensations ; car en effet, ce
que Paris inspire de sublime est augmenté
par un sentiment de terreur surtout, lorsque le cocher vous mène le long de ses rues
étroites avec l'impétuosité d'un français,
et que l'on tremble à chaque pas de voir
écrasés par les chevaux ces nombreux pié-
tons qui ne manquent pas de s'écrier souvent ,, queles rues de Paris sont aristocrates. ,,
Il faut vous dires en passant que les mots,
aristocraties, *à la nation*, sont devenues des
expressions à la mode. On peut même dire
d'eux aujourd'hui ce que Sterne disoit de
leur *tant pis*, *tant mieux*, qu'on regardoit
pour lors comme les principaux points sur
lesquels rouloit toute la conversation des
Français. Tout ce qui est ennuyeux ou dé-
sagréable est de *l'aristocratie*, tout ce qui
fait plaisir ou qui égaye est *à la nation*.

J'ai vû tous les beaux bâtimens de Paris, et je ne doute aucunement que j'eusse
admiré la façade du Louvre, la nouvelle ba-
silique de Sainte Genevieve, ainsi que

---

le beau et le sublime, ouvrage , qui fait à l'âge de
25 ans lui a valu une réputation toute différente de celle
qu'il vient d'acquérir par celui qui a déshonoré sesche-
veux blancs. *Note du traducteur.*

d'autres édifices, quand bien même un connoisseur n'eût pas pris le soin de me marquer précisément la juste portion d'éloges qu'il falloit que j'accordasse à tous ces monumens. Ces instructions minutieuses que l'on a daigné me donner à cet égard, ne me laissent qu'une opinion très-imparfaite de mon propre goût, en fait d'architecture.

D'après la demande de Madame Brûlort, M. de Chartres nous a accordé la permission de voir la galerie du palais royal, qu'on ne montre plus actuellement au public. Je ne suis pas assez instruite pour parler avec connoissance des tableaux qui s'y trouvent, d'ailleurs le mérite de cette collection, est assez connu des amateurs. Les chefs-d'œuvre de la peinture me font assez de plaisir, mais cet art est loin de réveiller en moi cette vive émotion que produit la belle poésie, et je cherche à me persuader que l'art que j'aime est le plus parfait des deux. Car j'ai peine à croire que le pinceau de Raphaël, eût jamais pû imprimer à mon ame la même sensibilité, ni exciter dans mon cœur de sensations pareilles à celle que je ressens à la lecture de Shakespeare.

Le seul tableau, je l'avoue, qui m'ait
fait

fait verser des larmes, c'est le portrait de Madame de la Valliere, qui est au couvent des Carmélites. Elle y est représentée sous le costume de cet ordre ; tous les ornemens qui ont jadis décorés sa personne, restent épars à ses pieds; ses yeux sont tournés vers le ciel, avec l'expression de la plus profonde douleur. Tandis que je fixois les miens sur ce tableau, j'ai gémi en réfléchissant à cette malheureuse sensibilité, qui entraîna dans les plus funestes erreurs une ame que la nature paroissoit avoir formée pour la vertu, et qui du sein même de la volupté, pleuroit sa propre foiblesse. Comment ne pas regretter, que le monarque capricieux et inconstant, auquel elle avoit donné son cœur, ait su inspirer une passion dont il n'étoit pas digne ; passion qui paroît avoir été vraiment sans mélange d'intérêt, de vanité, et d'ambition ? Comment refuser des larmes de compassion à la pénitente désolée, qui pleura pendant tant d'années, ses erreurs, dans la sombre solitude d'un couvent, déchirée à la fois par l'amertume des plus cruels remords, et par les angoisses d'un amour frustré de ses plus chères espérances ? Hélas ! n'est-il pas à croire, ,, *que la voix de son amant se faisoit entendre à chaque verset de l'hymne*

F

sacré, et qu'une larme trop tendre, couloit lentement à chaque grain de son chapelet ». (1)

Si mon imagination n'avoit pas été frappée si vivement de la figure de cette belle carmelite, je vous aurois dit plutôt que le palais royal est un carré long ; le palais de M. d'Orléans forme un des côtés, et est l'entrée principale. On fait le tour de cet édifice, sous des arcades, environnées de cafés et de boutiques, où sont exposés des étoffes, des rubans, des bijoux, et des caricatures, qui se vendent aujourd'hui aussi communément à Paris qu'à Londres. La promenade sous ces arcades est remplie de monde : des pavillons et des tentes sont placés à la partie supérieure du jardin ; on y vend du café, de la limonade, des glaces, etc. La voix de la gaieté seule se fait entendre de toutes parts ; on n'y voit que des figures riantes ; de sorte que je ne crains pas de prononcer qu'on ne trouve en aucun endroit sur la surface de la terre, un lieu aussi amusant que le palais royal. En effet, ce qui frappe un étranger le plus à Paris, c'est cette gaieté générale qui

(1) » In every hymn she seem'd his voice to hear,
» And dropt with every bead, too fast a tear ! »

paroît sur toutes les figures, et qu'on voit
bien n'être pas celle du moment, mais si
évidemment une habitude de l'ame, que le
spectateur philantrope s'en trouve singulièrement rejoui. C'est elle qui donne tant
de charmes à tous les spectacles, et à toutes
les promenades de Paris. On voit une aussi
belle verdure, des arbres aussi majestueux,
des allées aussi superbes, et de plus belles
femmes, peut-être au jardin de Kensing-
ton, qu'à celui des Tuilleries ; mais nous
aurons beau chercher, nous ne trouverons
jamais cet air animé, cette gaieté perpétuelle, qui font des Tuilleries un palais charmant, un séjour vraiment enchanteur.

Nous sommes de retour à l'instant de
l'hôpital des Invalides ; c'est un bâtiment
magnifique, orné de beaux tableaux qui
représentent l'histoire de plusieurs saints célèbres, dont notre conducteur nous racontoit *les exploits* avec une rapidité incroyable,
en passant par les différentes chapelles,
cet homme nous faisoit sentir combien il
trouvoit ridicule cette curiosité, qui cherchoit à découvrir la manière dont les peintres
avoient développé ces histoires, lorsque
lui-même en avoit fait une si belle expli-
cation.

En traversant l'église, nous y apperçumes plusieurs de ces vieux militaires agenouillés devant les confessionaux, avec un air de recueillement ! Notre apparition ne les a nullement dérangés ; tant leurs coeurs paroissoient être vraiement détachés des affaires de ce bas monde.

Peu de jours avant la prise de la bastille, les parisiens se sont assemblés en foule devant l'hôpital des Invalides, en demandant des armes à ces vieux militaires ; ils répondirent, que quoique vrais amis de leurs concitoyens, il leur étoit impossible de mettre bas les armes, sans l'apparence d'un combat ; ils prièrent le peuple de s'assembler plutôt devant les portes en plus grand nombre le lendemain, qu'ils tireroient sur lui, avec un peu de poudre, avant de se rendre à sa demande. Ce conseil fut suivi, les Invalides après une foible résistance, mirent bas les armes ; les citoyens embrassèrent ces bons vieillards, et après s'être armés dans l'arsenal de l'hôtel, ils sont retournés en triomphe à la ville.

Nous sommes allés hier à la maison de ville ; on nous fit entrer dans un vaste appartement, où la municipalité s'assemble. Les murs sont couverts de portraits de rois et des ducs ; je les ai regardé avec infiniment moins de respect, que le fauteuil des-

tiné pour le maire, M. Bailly : et si quelque
jour on y place son portrait, la postérité
lui accordera sans doute la préséence sur
tous les princes qui forment actuellement
cette collection.

En sortant de l'hôtel-de-ville, on nous
montra vis-à-vis le grand escalier, *la trop
fameuse lanterne*, où, faute de potence,
ont été immolées les premières victimes
de la fureur populaire. J'avoue que la vue
de la *lanterne* m'a glacé le sang : ce fut alors
que pour la première fois, je blâmai la
révolution ; ce fut alors qu'oubliant l'imprudence, où pour mieux dire, les crimes
de ces malheureux, je ne pouvois penser
qu'avec horreur, à la manière horrible
dont ils les ont expiés : les angoisses de
leurs familles et de leurs amis, se peignoient
dans mon imagination, et il m'étoit très-
difficile de chasser de mon ame ces images
affligeantes.

Il sera toujours à regretter, qu'une teinte
aussi sombre, qu'une vengeance aussi féroce
aient terni cette révolution. Mais, hélas, voit-
on dans les fastes de l'histoire, une révolution
quelconque, qui n'ait été souillée par quelques
actions barbares ? Quand les passions humaines prendront-elle cette élévation, qui
peut seule produire de grands événemens,

sans s'écarter des règles établies ? Cependant si la révolution de France peut s'achever sans une plus grande effusion de sang, il faut avouer, que malgré quelques exemples affreux de vengeance publique, la liberté de vingt-quatre millions d'hommes aura été achetée à un prix infiniment au-dessous de ce que l'expérience et l'histoire, nous donnoient le droit de l'attendre.

LETTRE XI.

Nous arrivons à l'instant de Versailles ; en regardant ce fastueux séjour d'un despote, je croyois voir dans l'ombre du tableau les noirs cachots de la bastille ; ils affectoient encore mes sens, et leur souvenir m'empêchoit d'être trop frappée de la magnificence de ce superbe palais.

On nous a montré les passages par lesquels la reine s'est rendue de son appartement à celui du roi, dans la nuit mémorable de la visite des poissardes à Versailles. Nous avons vû aussi le balcon où elle s'est montrée avec le dauphin entre ses bras, en sortant du lieu où elle s'étoit cachée pendant quelques heures ; la multitude ayant très-souvent demandé à la voir, ce qu'on avoit jugé à propos de ne pas refuser. Je ne pouvois m'empêcher de moraliser à part moi, tant soit peu, en apprenant que l'appartement, dont ce balcon dépend , est le même où Louis XIV rendit son dernier soupir. Certes il ne soupçon-

F 4

noit guères la scène qui devoit s'y passer
quelques années après.

Tout le pain qui se trouvoit alors à Versailles fut distribué aux poissardes , qui,
avec une férocité sauvage, en présentèrent
aussi-tôt des morceaux au bout de leurs
piques sanglantes sous le balcon où étoit
la reine , disant avec des cris menaçans :
nous avons du pain.

Pendant le voyage de Versailles à Paris,
la reine tenoit le dauphin dans ses bras ;
on lui avoit enseigné à joindre ses petites
mains, et à tâcher d'adoucir la multitude
enragée, en répétant souvent ces paroles :
grâce pour maman !

C'est M. la Fayette qui a empêché le
massacre de tous les gardes-du-corps , en
disant seulement au peuple irrité : le roi
vous demande grace pour ses gardes. Le
peuple écouta la voix de M. la Fayette,
et s'arrêta sur - le - champ. Non-seulement
on épargna les gardes-du-corps , mais les
parisiens changèrent d'habits avec eux ,
attachèrent des cocardes nationales à leur
chapeau ; et pour les mettre à l'abri de tout
danger dans la route, plusieurs d'entr'eux
montèrent sur les chevaux des gardes du
roi , chacun ayant un officier en croupe.
Avant que le roi fût sorti de la maison

de ville, M. la Fayette parut, et s'adressant à la multitude qui avoit conservé pendant toute la route un silence qui inspiroit l'indignation, il lui apprit que le roi venoit d'exprimer les sentimens de la plus tendre affection pour son peuple, qu'il avoit accepté la cocarde nationale, et qu'il espéroit témoigner sa reconnoissance à sa majesté à sa sortie de la maison de ville. Au bout de quelques minutes le roi parut, et la multitude l'accueillit avec des applaudissemens universels.

Les juges du châtelet s'étant adressés récemment à la reine pour obtenir sa déposition au sujet du prétendu projet des poissardes de l'assassiner à Versailles, elle répondit, avec infiniment de prudence: (1) *j'ai tout vu, j'ai tout su, j'ai tout oublié.*

Le roi est devenu extrêmement populaire ; le peuple chante actuellement dans les rues l'ancien air de vive Henri IV. etc. adapté à des paroles en honneur de Louis XVI.

On m'assure que la reine est beaucoup changée depuis peu, mais elle est encore une belle femme. Madame, fille du roi, est une charmante demoiselle, et le dau-

---

Est-ce là le mot ? mais c'est une étrangère qui écrit :

phin , qui a environ sept ans , est *l'idole du peuple* : (1) Les français s'attendent à le voir élevé dans les principes de la nouvelle constitution. (2) et qu'on lui apprendra à se regarder beaucoup moins en roi qu'en citoyen. Il paroît être un enfant très - doux et aimable. Je vous citerai un de ses bons mots. On lui a formé une petite ménagerie ; il nourrit de sa propre main les animaux qui la composent Un petit lapin ingrat , puisqu'il étoit son favori, lui a mordu le doigt , il y a quelques jours , en prenant sa nourriture. Le prince, dans l'instant de la douleur, lui dit : tu es un *aristocrate.* Un de ses domestiques (aristocrate lui-même sans doute)`lui dit : Eh ! monseigneur, qu'est-ce qu'un *aristocrate ?* ce sont ceux , répondit le prince , qui font de la peine à papa.

Le roi badinant dernièrement avec la reine, l'a nommée madame Capet ; sa réponse fut aussi prompte que piquante, elle appela sa majesté, monsieur *Capot.*

Au moment où les gardes-françaises ve-

---

(1) Cette expression est un peu du vieux style; les Français ont brisé leurs idoles. Ils laissent le culte de Dalai Lama aux descendans des Scythes.

(2) Mais a-t-on changé un seul de ses anciens instituteurs. *Note du traducteur.*

noient de mettre bas leurs armes à Versailles, leurs officiers avoient faits de vains
efforts pour les leur faire reprendre. Un
officier de mes amis me dit qu'il adressa
ces paroles à ses soldats : « mes enfans :
vous allez donc me quitter, vous ne m'aimez
donc plus» ? « Mon officier, répondirent-
» ils, nous vous aimons tous, s'il s'agit de
» marcher contre l'ennemi, nous sommes
» tous prêts à vous suivre ; mais nous ne
» tirerons jamais sur nos compatriotes. »
Depuis cette époque, toutes les fois qu'ils
paroissent ils sont couverts des applaudissemens du peuple, « et *vivent les gardes*
» *françaises* ! » retentit dans toutes les
rues.

Comme nous étions prets de nous lever
de table, à l'auberge de Versailles, la porte
s'ouvre, et un religieux de l'ordre de St.
François entre dans la chambre. Il ressembloit si fort au moine mendiant dont parle
Sterne, qu'il doit être assurément de la
même famille. Nous ne pouvions pas lui
conférer l'immortalité de cet auteur célèbre,
mais nous ne l'avons pas renvoyé sans au-
mônes : le vénérable religieux après nous
avoir remercié avec une simplicité touchan-
te, étendit ses mains avec un mouvement
lent et solemnel, « que la paix soit avec

vous ,, , dit-il , puis il se retira avec reconnoissance. Ce n'est pas la seule fois que
je me suis ressouvenue de Sterne depuis
mon arrivée en France ; le premier postil-
lion que j'ai vu en bottes fortes m'a paru
être une figure *classique* , en me rappellant
l'idée de la Fleur monté sur son bidet.

LETTRE XII.

Nous avons été à tous les théatres, et je suis enchantée des acteurs comiques. Quant à ceux de la tragédie, ils m'ont fait beaucoup moins de plaisir. Pour admirer Mme. Vestris, la première actrice tragique de Paris, il faut avoir oublié (chose impossible, l'impression que fait le jeu de Mme. Siddons qui, au lieu de mettre une passion en lambeaux, comme la première, remue l'ame des spectateurs au point de *la déchirer, en leur communiquant, comme par sympathie, les mouvemens violens dont son ame est agitée.*

La plupart des pièces que nous avons vu jouer sur les théatres français, sont des petites comédies adaptées aux circonstances, qu'on préfère, dans ce moment d'enthousiasme, aux pièces les plus spirituelles de Molière. Ces comédies vous paroîtroient froides et peu intéressantes peut-être dans le cabinet, elles font cependant un effet charmant dans la représentation, accompagnées comme elles le sont des applaudissemens d'une multitude de gardes nationales, seuls véritables acteurs dans les pièces qu'on leur donne. Dans les entre-actes on joue des airs nationaux qui ordinairement sont accompagnés en chorus par tous les spectateurs ; il y en a un surtout, qui est tellement en vogue, qu'on l'appelle le carillon national, dont le refrein *ça ira* fait allusion aux progrès de la nouvelle constitution. On le chante non-seulement dans tous les spectacles, et dans toutes les rues de Paris, mais on le retrouve dans la bouche de tous ; hommes, femmes et enfans de toutes les villes et villages de la France. *ça ira* est par-tout le signal de la joie, l'air favori qui enchante toutes les oreilles, remplit tous les coeurs de délices, et les anime de l'amour de la patrie. Quelques fois même j'ai entendu des conversations politiques de la nature la plus sérieuse, se terminer par une application à cette chanson, et par l'assurance que *ça ira* !

Je viens de voir les tapisseries des Gobelins, qui me paroissent vraiment l'ouvrage d'un magicien. J'y ai vu avec beaucoup de plaisir deux tableaux au sujet de Henri IV. Dans l'un, on le voit assis à table et soupant avec le meunier et sa famille ; dans l'autre, il embrasse Sully qu'on lui amène porté sur une litière, après avoir été blessé dans un combat. Rien ne m'a plu davantage depuis mon arrivée en France que les honneurs que je vois rendus à ce prince, mon héros favori,et que je préfère à tous les Alexandres et à tous les Fréderics du monde. De pareils hommes ont, si vous voulez, quelque chose d'un sublime terrible, et commandent peut-être à mon admiration ; mais pour mon amour, tout ce qui m'en reste à accorder aux héros, Henri l'a déjà pris d'avance. On voit par-tout de petits groupes de Henri IV et Sully. On représente Sully à genoux aux pieds de cet aimable prince qui lui tend la main ; sur la base de la statue, on lit ces paroles tirées des mémoires de Sully « mais levez-vous, levez-vous donc Sully, on croiroit que je vous pardonne. »

Tandis que la statue de Henri IV sur le Pont-Neuf est illuminée, tandis qu'on la décore de rubans aux couleurs nationales, on vient, dans la place des victoires, de dépouiller celle de Louis XIV de ces anciens ornemens fastueux ; depuis la révolution on a enlevé les figures qui représentoient les peuples enchaînés à ses pieds ; on a laissé cependant celle de la renommée qui se voit en l'air derrière le roi, tenant une couronne de laurier à la main , qu'elle semble vouloir placer sur sa tête. On m'a raconté , à ce sujet, la critique d'un bel esprit français, qui demandoit avec un air sérieux , si l'intention de la renommée étoit de poser la couronne sur la tête du roi ou de l'ôter.

Dans notre promenade de ce matin , nous nous sommes arrêtés à la place royale , où je me suis un peu égayée en lisant ces mots affichés sur une petite boutique sous les arcades « Robelin écrivain. ---- Ecrit mémoires et lettres à juste prix , et *à la nation* »:. On m'a assuré que M. Robelin fait très bien ses affaires ; je me serois peut-être même adressée à lui pour m'aider dans ma correspondance avec vous , s'il n'étoit décidé que je quitte Paris demain. Vous aurez de mes nouvelles de Rouen.

LETTRE

LETTRE XIII.

Nous avons fait un voyage charmant de Paris à Rouen. La route qui est de cent milles d'Angleterre, est le long des bords de la Seine, à travers un pays délicieux, couvert de bois, et varié à l'infini par de riches vallons bordés des plus belles collines. On voit de tous côtés de superbes châteaux et plusieurs édifices gothiques flanqués de ces anciennes tours, qu'on croiroit n'avoir été construites de matériaux aussi durables, que dans la vue morale de rappeler à l'homme sa frêle et courte existence. Souvent une antique croix, posée par la piété des derniers siècles sur le bord du chemin, et que les catholiques ne passent jamais sans respect, arrête l'attention, et jette une espèce de sainteté sur la scène.

Nous nous sommes arrêtés pour voir l'immense machine qui conduit l'eau de la Seine à Marly et à Versailles. L'eau s'élève d'abord, par le moyen de cette machine, à la hauteur de 60 pieds, d'où elle est conduite au haut de la montagne, à la distance

G

de 500 pieds, par des tuyaux et des aque-
ducs, dans le grand réservoir. Jamais mon
ame n'a ressenti plus d'horreur qu'en en-
tendant le bruit occasionné par les mouvemens de cette effroyable machine. La tête
se tourne tout d'un coup en regardant, du
milieu de ces roues immenses, les gouffres
où la rivière irritée se jette dans des tourbil-
lons d'écume. C'est avec plaisir que je me
suis éloignée de ces objets de terreur.

Une partie de ce voyage s'est faite au
clair de la lune qui se reposoit agréable-
ment sur les hauteurs qui bordent la rivière,
et embellissoit des graces les plus douces,
cette charmante perspective. Je n'essayerai
pas de vous en faire une plus longue description, de peur que ma plume ne se laisse
aller à mon goût pour la poésie.

Nous passames près du châtean de Rosny,
superbe domaine donné à Sully par Henri
IV, en témoignage de cette amitié qui ne
fait pas moins d'honneur au roi qu'au
ministre.

On voit environ à trois lieues de Rouen
un couvent dont Abélard fut quelque tems
supérieur. Il est encore habité par quelques
moines, et il est connu sous le nom du
couvent des deux amans. S'il eut été celui
du Paraclet, le séjour d'Héloise, je n'aurois

pas manqué de visiter (*) « ces bois où ha-
» bite la noire mélancolie, ces cavernes et
» ces routes qui ne couvrent que des tom-
» beaux ; elle répand autour d'elle un si-
» lence pareil à celui de la mort, sa pré-
» sence ténébreuse attriste cette décoration
» jadis si riante, ternit l'éclat des fleurs ,
» obscurcit la verdure , et rend terrible le
» bruit des ondes qui se précipitent en
» murmurant ; on ne ressent plus par-tout
» qu'une secrette horreur. »

S'il n'étoit pas un peu difficile de se fâ-
cher contre un poete tel que Pope, sur-tout
au moment où je transcris ces vers exquis,
j'en serois tentée en me rappelant l'excel-
lente histoire d'Abélard et d'Héloise, par

(*) » Where, o'er the twilight groves and dusky caves,
» Long sounding isles, and intermingled graves ,
» Black Melancholy sits, and round her throws
» A death-like silence , and a dread repose ;
» Her gloomy presence saddens all the scene,
» Shados ev'ry flow'r , and darkens ev'ry green ;
» Deepens the murmur of the falling floods ,
» And breathes a browner horror on the woods »

G 2

M. Berrington. Là ce savant écrivain prouve
à n'en laisser aucun doute, avec quelle affreuse injustice Pope a rendu les sentimens
d'Héloise, qu'il a trop souvent fait parler
dans son poeme d'une manière bien différente à celle qu'elle a tenue dans ses lettres
authentiques.

En allant à Rouen nous avons couché à
Gaillon, ville à huit lieues de cette capitale
de la Normandie. Notre auberge étoit toute
proche du château qui appartenoit jadis à
l'archevêque de Rouen, mais qui maintenant appartient à la nation. Ce domaine
est composé d'un vénérable bâtiment gothique, d'une belle orangerie, et d'un parc
qui s'étend à plusieurs lieues de distance.
L'archevêque, (cardinal de la Rochefoucault,) et frère de ce patriote distingué, le
ci-devant duc du même nom, a perdu un
très grand revenu par la révolution. Il
avoit un grand nombre de domestiques
dont il a congédié la plupart depuis cette
perte, avec beaucoup de douceur et d'attention. A l'un il a fait cadeau de chevaux,
à un autre, d'une voiture, cherchant ainsi
à les consoler en quelque sorte des regrets
qu'ils ont tous de quitter un si bon maître.
Il est impossible de ne pas souffrir un peu

pour le cardinal de la Rochefoucault, qui ne faisoit d'atre usage de ses biens que de répandre le bonheur parmi les siens.

En sortant du château, je suis retournée un peu triste à mon auberge, où certainement il n'y avoit rien de propre à inspirer un seul sentiment de gaîeté. Le plafond de notre chambre étoit traversé par des vielles poutres à découvert ; la tapisserie qui garnissoit les murs, pareille au costume de la vieille du poète Otway, n'offroit que la variété de la misère ; les lits surmontés de baldaquins étoient d'une étoffe grossière et d'une malpropreté dégoutante ; les charmantes figures du Dauphin et de Madame étoient en quelque sorte *calomniés* dans deux mauvais portraits suspendus dans de vilains cadres dorés, et pour mettre le comble à tout, l'appartement étoit carrelé de briques. Il est impossible enfin, de vous figurer rien de plus opposé à l'Angleterre, en fait de commodité et d'agrément, que les auberges sur les routes de France. Eh bien ! dans ce vilain endroit où certains Anglais seroient bien tentés de se pendre, des airs joyeux que l'on chantoit dans la chambre voisine, toute aussi sombre que la mienne, m'ont empêché de dormir la moitié de la nuit.

G 3

Ces circonstances qui dérangent le systême nerveux d'un Anglais, ne troublent nullement la tranquillité de ce peuple heureux, chez qui tout se fait en chantant, soit qu'ils s'occupent à attaquer la bastille, soit qu'ils s'amusent à table avec leurs amis.

LETTRE XIV.

ROUEN est une des villes les plus grandes et plus commerçantes de la France. Elle est située sur les bords de la Seine ; on y a construit un superbe quai, ainsi qu'un pont sur bateaux d'une construction singulière. Ce sont de grosses barques placées près les unes des autres et couvertes de planches. Le pont s'élève, se baisse avec la marée, et s'ouvre pour laisser passer les vaisseaux.

Les rues de Rouen sont si étroites, si sombres, et si horribles que, pour me servir d'une expression de Madame de Sévigné « elles abusent de la permission qu'ont les rues françaises d'être laides ». On voit plusieurs images de Saints dans des niches, le long de ces vilaines rues. J'en ai remarqué une de la Vierge tenant l'enfant Jesus dans ses bras ; tout à côté est une autre de Ste. Anne, qu'on assure avoir appris à lire à la Vierge. Heureusement les lampions que le peuple a soin de placer

G 4

dans ces niches, pour éclairer les Saints, servent à écarter un peu cette obscurité universelle dont la ville de Rouen est envelopée la nuit.

Rouen est entouré de superbes boulevards, qui forment des promenades agréables. Sur le haut de la montagne de Ste. Catherine qui domine la ville, on voit les ruines du fort St. Michel, d'où Henri IV assiégeoit Rouen. J'aime tout ce qui me rappelle la mémoire de Henri IV; aussi une de mes plus grandes jouissances, c'est de pouvoir, chaque fois que je sors, fixer mes regards sur la montagne de Ste. Catherine.

Ce n'est pas sans rougir pour ma patrie, je l'avoue, que je traverse la place où l'on a supplicié la Pucelle d'Orléans; on y voit sa statue, monument éternel de notre honte. A peu de distance de là, dans la cathédrale qui a été bâtie par les Anglais, reposent, sous un tombeau de marbre noir, les cendres de Jean duc de Bedfort son persécuteur. On ne peut guères conserver beaucoup de respect pour le jugement de nos ancêtres, qui de tous les endroits de la terre ont choisi la cathédrale de Rouen pour élever un monument à celui dont ils nous ont transmis l'histoire avec le titre de

Bon duc de Bedford : car à peine est-on sorti de la cathédrale, que la statue de Jeanne d'Arc s'offre aux yeux, et couvre d'un voile épais les vertus de ce *bon* duc.

La cathédrale est un édifice magnifique ; la grosse cloche est de dix pieds de hauteur et pèse trente six mille livres. Mais ce n'est plus ce qu'il y a *d'antique* ; mais ce qu'il y a de *moderne* qui attire le plus puissamment l'attention en France. Rien dans cette cathédrale gothique ne m'a autant interressé que le drapeau consacré qu'on a suspendu au-dessus de l'autel depuis la fédération. La devise en est « Vivre libre ou mourir. » J'espère que tout français qui entre dans la cathédrale de Rouen, se respecte du fond de son ame, en lisant cette inscription : « Vivre libre ou mourir ! » Je ne crains point cependant que les Français aient à redouter les horreurs d'une guerre civile, malgré les croassemens sinisttes des ennemis de la nouvelle constitution.

Un peuple qui vient de rejetter le joug de la tyrannie ne sera pas sans doute si facilement tenté de le reprendre, de reconstruire les cachots qu'il a si récemment détruit, de refermer les portes de ses sombres cloîtres qu'il a ouvert aux malheureux qui les habitoient ; il ne changera pas ses nouveaux tribunaux élevés sur les bases de la justice et de l'humanité, contre les caprices du pouvoir arbitraire et la noire injustice des lettres de cachet ; il ne cherchera pas enfin à obscurcir l'étoile brillante de la liberté qui vient éclairer son hémisphère, pour se laisser conduire une seconde fois par le météore sinistre du despotisme.

Un nombre assez considérable de nobles même de la France, a eu la vertu de soutenir la cause de la liberté ; les hommes respectables, mettant de côté les petits intérêts de la vanité, auxquels on donne trop d'importance dans le cours ordinaire des affaires humaines, qui se perdent et s'anéantissent au milieu du conflit des grands sentimens, ces hommes ont voulu se montrer les bienfaiteurs plutôt que les oppresseurs de leur patrie. Citoyens d'un état libre, plutôt que les esclaves d'un despote, ils ne porteront plus les armes pour servir l'ambition, ou satisfaire les caprices d'un ministre. Ils ne déployeront plus ce courage impétueux et noble qui les a distingué dans tous les tems, pour une cause qui seroit indigne de leurs efforts. Le feu de cette valeur qu'ils ont trop souvent exercé pour nuire et détruire, ils le réserveront désormais à de plus dignes objets. Ils cher-

cheront la renommée par un sentier nou-
veau. Au lieu de vouloir prendre par as-
saut la citadelle de la gloire, ils préféreront
la réputation d'une honorable défense, et
renonçant aux lauriers sanguinaires, leurs
efforts, guidés par un enthousiasme infiniment plus digne, auront pour but d'obtenir
la couronne civique. Oui, la nation française maintiendra et transmettra d'une manière inviolable à ses derniers neveux les
droits sacrés de la liberté ; les siècles à venir célèbreront avec la plus vive reconnoissance, le 14 juillet ; les étrangers qui visi-
tent la France voleront au champ de Mars,
pleins de ce saint enthousiasme qu'inspire
la vue d'un lieu qui fût la scène d'un si
grand événement. Je les entends s'écrier,
ce me semble, « C'est ici que la fédération
a eu lieu ! C'est ici qu'une grande nation
assemblée s'est dévouée à la liberté ! » Je
les vois s'indiquer l'endroit où étoit l'autel
de la patrie. Je les vois chercher avec ardeur celui où selon la tradition on avoit
placé l'assemblée nationale ! Je me livre à
ces réflexions intéressantes, et je me répète
avec transport « j'ai été témoin de la fédération ! »

Ces méditations m'ont fait parcourir l'espace de tant de siècles, qu'il m'est un peu difficile de revenir sur mes pas. Vous seriez-vous jamais attendu à me voir exercer ma plume à la politique, moi qui prenoit si peu d'intérêt aux affaires publiques, que je me ressouviens encore de l'étonnement avec lequel j'appris d'un de mes amis la nouvelle de la guerre entre les Turcs et les Russes, deux ans après que la chose étoit connue de toute l'Europe.

Cependant si mon vif attachement à la révolution française vous paroît devoir exiger de moi des raisons ou même quelqu'excuse, vous en recevrez sous peu; car je suis sur le point de partir pour le château de M. Duf, d'où je vous écrirai l'histoire de ses malheurs. Ils ont été tous les suites de la tyrannie, ainsi vous vous réjouirez avec moi de ce que la tyrannie n'est plus.

Avant de fermer cette lettre, il faut que je vous parle d'un privilège singulier dont jouit l'église de Rouen; c'est celui de mettre en liberté tous les ans, le jour de l'ascension, un prisonnier convaincu d'assassinat. Il paroît d'après la tradition qu'au sixième siècle, sous le règne du roi Dagobert, le pays étoit dévasté par un horrible

dragon qui dévoroit les hommes et les bes-
tiaux. St Romain, alors évêque de Rouen
ayant eu le courage de former une entre-
prise contre le monstre, demanda la permission de mener deux criminels avec lui
pour l'aider dans son attaque. Accompagné
de ces aides de camp, il tua le dragon et
délivra le pays de ce fléau. Dagobert pour
le récompenser de ce miracle, accorda aux
successeurs de St. Romain, le privilège de
faire relâcher un assassin le jour de l'ascension. Les reliques de St. Romain, renfer-
mées dans une boete dorée, sont portées ce
jour là dans les rues par le criminel : ces
os vénérables sont suivis du simulacre d'un
animal hideux qui représente le dragon,
quoiqu'on soupçonne celui-ci de *n'avoir pas
été si laid*. Il porte dans sa gueule un louveteau vivant ; si c'est un jour maigre, le
louveteau est remplacé par un gros poisson:
les conseilliers du parlement, revêtus de
leurs robes rouges, accompagnent cette procession à l'église où l'on dit une grande
messe, et le criminel est mis en liberté à
la fin de ces cérémonies. Il faut observer
pourtant que ce n'est que dans le cas de
quelques circonstances favorables qu'on
permet au coupable de profiter de ce privilège et d'échapper au supplice.

Hier, dans un petit endroit nommé Sot-
teville, réuni à Rouen par le pont, une
dispute politique s'est élevée entre le curé
et ses ouailles. Le curé poussé vivement
par un d'eux, s'écria avec un ton d'enragé;
,, Vous êtes une assemblée d'ânes. ,, Oui
M. le curé, répondit un autre, avec beaucoup de sang-froid, et vous en êtes le pas-
teur ,,.

————————

LETTRE XV.

J'AI entendu la messe militaire, dimanche passé, dans une église où toute la garde nationale de Rouen assistoit : on commença le service par un roulement de tambours, accompagné de fanfares qui ressembloient au plus fort bruit de tonnerre ; le commén-cement sembloit plutôt le signal d'un com-bat que celui d'un service religieux ; mais cette musique s'est changée bientôt en des sons plus mélodieux, qui partoient de l'orgue, des clarinettes, de flutes et de hautbois ; les prêtres entonnoient, et le peuple répondoit. On a alumé les cierges, et fait l'aspersion en jettant dans l'église de l'eau bénite, à droite et à gauche ; l'encens brûle sur l'autel, et l'élévation de l'hostie s'annonce au son du tambour ; tout le monde se met à l'instant à genoux, et le prêtre se prosterne. Il y a quelque chose de touchant dans la pompe et la solemnité de ces cérémonies. A dire vrai, quoique la religion catholique romaine, soit un terrible écueil pour la raison, elle frappe fortement l'imagination par son culte. J'ai plus d'une fois entendu le service des *trépassés*, et toujours avec la plus vive émotion ; sentant bien que, dans ses tristes séparations, ou le dernier espoir de celui qui survit, est enseveli dans l'impitoyable tombeau, le coeur qui peut se flatter, qui peut croire, que ses prières pourront être utiles à l'objet chéri de sa douleur, doit trouver une grande consolation en réunissant ainsi son tribut de tendresse, à l'hommage d'un devoir religieux.

Nous avons été voir plusieurs couvens à Rouen. Le premier où nous nous sommes présentés, étoit un couvent de religieuses de l'ordre de Saint-Benoît. Après avoir passé par la grande porte, on nous a dit de sonner, et un domestique a paru aussitôt, qui nous a prié de monter au parloir. Nous étant trompés de porte, nous sommes entrés dans une chambre partagée par une grille de fer ; d'un côté de la grille, étoit un jeune homme s'entretenant avec une jeune religieuse. Je ne pouvois m'empêcher de penser que le coeur de ce jeune homme se trouvoit dans une position périlleuse, car où une jeune beauté pouroit elle pa-

roître

roître plus intéressante, qu'à travers cette barrière inébranlable, qui ne s'ouvre qu'à la mort ? De toutes les parures que la vanité femelle ait jamais imaginé, en trouvera-t-on d'aussi touchant pour un homme sensible, que ce sombre costume qui contraste d'une manière si tranchante avec la beauté et la jeunesse, qui le porte comme la triste marque d'un abandon éternel du monde, et de toutes ses jouissances ? La religieuse après avoir reçu mes excuses, nous a indiqué un autre appartement, où nous nous sommes bientôt assis à côté de la grille. Ensuite nous vîmes entrer la dépositaire, qui nous pria d'avoir la bonté d'attendre un peu, pour ne pas déranger madame, qui étoit encore à table. « Parceque, ajouta-t-elle, Madame ayant été obligée de se lever la veille de table de trop bonne heure, elle s'en trouvoit un peu incommodée. » Il faut observer que madame l'abbesse dinoit toujours à trois heures, et que six heures étoient déja sonnées. Enfin cette dame a longs dîners, s'est présentée. C'est une femme de cinquante ans, mais encore belle. Elle a une figure franche et agréable, et de beaux yeux ; son voile étoit arrangé d'une manière piquante. Notre objet étoit d'obtenir la permission de voir l'intérieur du couvent, et

H

dans cette vue, un Français qui étoit de
la compagnie, «se mit à faire des histoires à
madame l'abbesse ».

Il lui conta que nous étions ma sœur
et moi, quoiqu'Anglaises, de bonnes catholiques, que nous désirions d'être reçues au
couvent, et d'y prendre même le voile, s'il
étoit possible; l'abbesse lui fit plusieurs
questions pour s'assurer que nous étions
vraiment catholiques. Notre orateur un peu
interdit, répondit que le mérite de notre
conversion étoit dû peut-être à M. du F***,
« Mais j'ai appris de Madame..., répliqua
l'abbesse, que M. du F*** lui-même est
devenu protestant. » M. du F***, qui est
la vérité même, avoua sans balancer ses principes; sur quoi l'abbesse se retournant vers
la dépositaire, s'écria « mais que Monsieur
est aimable! quels beaux sentimens! Ah!
Monsieur, vous êtes trop bon pour que
Dieu vous laisse dans l'erreur. Saint-Augustin, continua-t-elle, eût une fois aussi
ses doutes; j'espère que vous serez un second
Saint-Augustin; et toute ma communauté
et moi, nous prierons pour votre conversion. » La dépositaire, grande vieille dessé-
chée, d'une phisionomie dure et maligne,
ajouta, en jettant sur M. du F*** un regard
de dedain et marqué au coin de la suffisance,

„ Il n'est point étonnant qu'un jeune homme trouve sa foi un peu ébranlée aprés avoir
passé quelques années en Angleterre, *ce
pays d'hérétiques* ; mais il n'a qu'à s'entretenir avec M. le curé de *** il dissipera
bientôt ses doutes. „

Du couvent des bénédictines nous nous
rendimes à celui des carmelites, où la religion, qui est faite pour contribuer au bonheur dans ce bas monde aussi bien que
dans l'autre, se présente sous l'aspect de la
plus sombre horreur. Dès l'entrée vous vous
croyez dans le séjour du silence et de la solitude ; nulle voix ne frappe l'oreille, on
n'apperçoit les traces d'aucune créature
humaine. Après avoir sonné, quelqu'un,
qu'il nous étoit impossible de voir, vint et
nous demanda par un trou pratiqué dans
la muraille, ce que nous voulions : ayant
répondu que nous voulions parler à la supérieure, l'inconnue nous a passé une clef
par le trou, en nous disant d'ouvrir la porte
du parloir. Nous y sommes entrés, et bientôt la supérieure s'approcha d'une double
grille couverte en dedans d'un rideau pour
nous empêcher de la voir. Notre français
lui répéta la même histoire de notre envie
d'entrer au couvent, en demandant d'en
apprendre les règles. Une voix rauque

nous répondit, que les carmelites se levoient
à quatre heures du matin en été, et à cinq
en hiver ; „ (*sommeil obéissant qui se laisse
troubler pour pleurer*) ! (*) qu'elles dormoient
sur leurs cercueils, et qu'elles creusoient
chaque jour la terre destinée à leurs fosses ;
qu'elles marchoient à genoux pour faire
leurs exercices religieux ; que toutes les fois
que leurs amies venoient leur rendre visite,
elles ne pouvoient être vues si elles par-
loient elles mêmes, et qu'il leur étoit défendu de parler, si elles se laissoient voir ;
que chez elles enfin on faisoit toujours
maigre, et qu'elles ne mangoient que deux
fois par jour.

Notre français lui répondit « Madame,
il faut que ces Demoiselles réfléchissent si
cela leur convient. „ La pauvre carmelite
est convenue qu'en effet l'affaire méritoit un
peu de réflexions, et nous sommes sortis du
couvent.

En retournant chez nous, songeant au
triste sort d'une carmelite, nous rencon-
trâmes dans la rue trois religieuses se pro-
menant en habit de leur ordre. On nous

(1) Obedient slumbers, that can wake and weep.

dit qu'elles avoient été forcées à prendre le voile par leurs parens ; mais que depuis la liberté qui leur a été rendûe par le décret de l'assemblée nationale, elles avoient obtenu la permission de venir passer trois mois avec des amis qui avoient pris part à leur malheur, et qui étoient en route pour les rejoindre.

Il faut que les religieux et les religieuses se décident bientôt s'ils veulent quitter ou non leurs cloîtres ; car les máisons où il n'en reste point, doivent être vendues. On a calculé dans le département de Rouen qu'après avoir payé une pension de 700 l. à chaque moine, et 500 à chaque religieuse, le département gagneroit, par les revenus des maisons religieuses, 60,000 livres par an. Ceux des religieux et des religieuses qui ont plus de 60 ans et qui voudront quitter leurs cloîtres, auront une pension de 900 livres.

Un ecclésiastique a envoyé, il y a quelques jours, à l'assemblée nationale, une adresse par laquelle il la prie de décréter le mariage des prêtres, privilège qui, on n'en doute nullement, leur sera bientôt accordé par l'assemblée. « On a tout boulversé, disoit un vieux curé, fier, grand aristocrate avec lequel je me suis trouvée en

(118)

société, on veut même porter la profanation au point de marier les prêtres. " On croit cependant que la partie la plus jeune du clergé envisage ce décret avec moins d'horreur que notre vieux curé.

Nous sommes arrivés hier au soir au château de M. du F***, sans avoir été voir, pendant notre séjour à Rouen, le tombeau de Guillaume le conquérant qui est à Caen ville qui en est distante de vingt huit lieues. J'ai assisté trop récemment au champ de Mars, pour être disposée à faire un voyage de vingt huit lieues pour voir le tombeau d'un tyran.

A l'arrivée de M. du F*** à son château, tous ses fermiers, accompagnés de leurs femmes et de leurs filles, sont venus offrir leurs respects à *monseigneur*. Ils ont tous été fort bien reçus par *Monsieur* et *Madame* qui les ont accueillis d'une manière affectueuse, et appellés de ces noms doux qui donnent tant de charmes à la langue française, et qui touchent le coeur d'une manière bien différente de nos froides expressions. Ici, la Dame du château appelle une fille de paysan, " ma bonne amie, ma petite, mon enfant ; " ah ! que ces jolis monosyllabes tu, te, toi etc. dont on ne se sert pour la plupart qu'en s'adressant à des

proches parens ou aux domestiques, im-
priment vivement dans l'ame de ces derniers l'idée de cette tendre familiarité qui
adoucit si gracieusement la rigueur de leur
sort, et qui excite en eux, au lieu de la
présomption, un sentiment de reconnoissance. « Et comment te portes-tu Lavoie »
disoit M. F*** à un de ses fermiers : assez
bien, monseigneur, répondit-il, mais, mais
j'eus la fièvre à Pâques, à votre service. »

LETTRE XVI.

Je saisis les premiers momens que j'ai, depuis mon arrivée au château, pour vous envoyer l'histoire de mes amis.

Antoine Augustin Thomas du F*** fils aîné du baron du F ***, conseiller au parlement de Normandie, nâquit le 15 juillet 1750. Ses premières années furent remplies d'amertume par la dureté d'un père qui étoit d'un tel caractère qu'il préféroit règner en tyran chez lui, plutôt que de jouir du bonheur domestique ; il cherchoit à être redouté, et non pas d'être aimé de sa famille. Le tendre nom de père n'avoit jamais excité de doux transports en son ame ; insensible aux sentimens de la nature, il s'enveloppoit dans la froideur d'un égoïsme révoltant.

Cette dureté ne se bornoit pas à son fils, elle s'étendoit à tous ses inférieurs. Formé par la nature pour être un des plus fermes appuis de l'ancien régime, il défendoit ses droits aristocratiques avec une inflexible sévérité; c'étoit sur ses vassaux, qu'il appuyoit le plus durement sa verge de fer, et ne regardoit les classes inférieures du peuple que comme des êtres dont on ne toléroit l'existence que pour servir aux besoins de la noblesse. Il croyoit les pauvres nés seulement pour souffrir, et il étoit résolu quant à lui de ne les laisser prendre rien de ses héritages. Enfin, tous les moyens les plus surs pour se rendre un objet de haîne, personne ne les avoit plus parfaitement mis en usage que le baron du F ***.

Son fils montra de bonne heure du goût pour la littérature, et il reçut une éducation proportionnée à sa fortune et à sa naissance. A mesure qu'il avançoit en âge, le traitement qu'il essuyoit de son pere lui devenoit plus insupportable, car loin d'avoir hérité d'un pareil caractère, il étoit doué des dispositions les plus aimables, et du cœur le plus sensible.

Sa mere, aussi débile d'esprit que de corps, se soumettoit avec la foiblesse et presque l'insouciance d'un enfant aux volontés impérieuses de son mari. Leur famille s'étoit accrue de deux autres fils et de deux filles; mais M. du F**. n'a pu tirer une grande consolation de l'amitié de ces enfans qui étoient tous beau-

(121)

coup plus jeunes que lui. Sa position auroit été insupportable sans la tendre sympathie d'une jeune personne dont la société lui faisoit oublier toutes ses peines.

Cette personne, à l'attachement de laquelle il doit les événemens les plus variés de sa vie, fut la plus jeune de huit enfans d'une respectable famille de Rouen. On croit même que son pere étoit descendu de la branche cadette d'une famille noble du même nom et qui portoit les mêmes armoiries. Malheureusement il manquoit quelques anneaux de la chaîne de cette honorable parenté, le baron n'étoit point satisfait de ses prétentions à la noblesse; car quoique peu difficile par rapport aux qualités morales, il regardoit une naissance obscure comme une tache que toutes les vertus du monde ne pouvoient effacer; le mariage n'étoit à ses yeux qu'une convention d'intérêt; les enfans qu'une propriété, dont il est permis aux parens de profiter à leur gré.

Le pere de mademoiselle Monique, qui étoit cultivateur, mourut trois mois avant la naissance de cet enfant. Elle fut élevée, ainsi que sept autres enfans, avec grand soin par leur mère, femme éclairée, vertueuse et adorée de tous ceux qui avoient

le plaisir de la connoître. On diroit que
cette femme respectable n'a voulu survivre
à son mari et soutenir le fardeau de la vie,
que pour élever sa petite famille, du sein
de laquelle la mort l'enleva à l'instant
même que ses soins maternelles cessoient
de lui être nécessaires. Monique, la plus
jeune de ses filles, étoit à cette époque âgée
de vingt ans; elle alla demeurer chez une
tante, avec laquelle elle n'a pas resté long-
tems. Madame du F***. qui la connoissoit
bien, l'invita de venir vivre auprès d'elle
en qualité d'humble compagne, pour l'a-
muser par la lecture quand elle seroit disposée à l'écouter, et pour animer par la
vivacité de son caractère, la triste unifor-
mité qui régnoit au château.

Cette jeune personne avoit cultivé son
esprit par la lecture de bons livres; son
coeur n'en avoit pas besoin. C'étoit par les
charmes de sa conversation, la sympathie
de la plus tendre amitié, que M. du F***.
s'allégeoit du fardeau de la tyrannie mater-
ternelle. Ayant vécu plusieurs années sous
le même toît, il étoit témoin journalier de
sa disposition et de son caractère, et la
passion qui résulta de ce commerce étroit,
fût fondée sur la base durable de l'estime.

Si jamais il fut pardonnable de s'écarter de
cette loi, qui n'existe que dans le code d'intérêts et de convenances, qui nous défend
d'écouter les plus douces émotions du cœur,
qui, étouffant tous les sentimens généreux
d'un attachement pur et désintéressé, or-
donne d'immoler l'amour à l'autel de l'a-
varice et de l'ambition ; c'étoit en s'attachant
à la vertueuse Monique. Oui, le caractère
et la conduite de cette aimable personne
n'ont jamais cessé de faire honneur au
choix de son amant. Il eût cherché long-
temps, et peut-être n'eût-il jamais trouvé
dans les classes supérieures de la société,
une ame aussi élevée au-dessus de la masse
commune ! Une ame qui, douée de la sensibilité la plus exquise, eût montré assez de
force pour soutenir, avec une fermeté égale
et tranquille, tous les changemens de la
fortune ; les épreuves de l'adversité la plus
rude, et ce qui est encore peut-être plus
difficile, celles d'une prospérité brillante.

M. du F***. avoit appris par ses malheurs que le bonheur domestique est le premier bienfait de la vie. L'expérience lui
avoit fait sentir combien les distinctions du
rang et de la fortune seule, sont peu faites
pour rendre les hommes heureux ; aussi

après s'être décidé à chercher le bonheur au sein de la félicité conjugale, il résolut de passer sa vie avec la femme dont la société paroissoit absolument essentielle, non-seulement à son bonheur, mais encore à son existence.

A l'heure solemnelle de minuit, les jeunes amans se rendirent à l'église, où ils trouvèrent un prêtre, confident de l'attachement de M. du F***., qui les unit par le lien conjugal.

Quelques tems après, M. du F***. fut forcé par la position de sa femme d'avouer son mariage à sa mere. Elle assura son fils qu'elle regarderoit Monique avec plaisir comme sa fille, si elle ne craignoit la colere de son mari ; madame du F***. versa même des larmes de tendresse en disant adieu à Monique, qu'elle plaça sous la protection de ses freres : ceux-ci la conduisirent à Caen, où bientôt elle donna un fils à M. du F***.

Le baron étoit absent du château pendant ce tems ; on l'avoit soupçonné d'être l'auteur d'un pamphlet contre les princes du sang ; on avoit donné ordre en conséquence de s'emparer de ses papiers, et de le conduire à la Bastille ; heureusement il s'étoit sauvé en Hollande, où il demeura près de deux

ans. Ayant fait sa paix avec le ministère,
il se préparoit à revenir en France ; mais
avant son retour, M. du F***. apprit que
son pere irrité jusqu'à la fureur par la
nouvelle de son mariage, sollicitoit une
lettre de cachet, afin de renfermer sa belle
fille pour le reste de ses jours, et qu'il avoit
obtenu permission de saisir et de renfermer
son fils. M. du F***. et sa femme partirent
avec précipitation pour Genève, laissant
leur enfant en nourrice dans le voisinage
de Caën. Les Génevois crurent que la position malheureuse de ces étrangers leur
donnoit des droits à tous égards à l'amitié
da plus sincère ; ils se conduisirent suivant
ces principes ; aussi je n'ai jamais entendu
monsieur et madame du F***. se rappeller
long-tems après les attentions que ce peuple
aimable avoit eu pour eux, sans verser des
larmes de tendresse et de reconnoissance.

Cependant le baron ayant découvert la
retraite de son fils, obtint, au nom du roi,
des cantons de Berne et de Fribourg, la
permission de le faire arrêter à Lausanne,
où il s'étoit retiré depuis quelques mois. La
femme du seigneur Baillif donna secrètement
avis de ce projet aux jeunes gens ; à peine
eurent-ils le tems de s'échapper le 3o Jan-
vier 1775, avec quelques livres seulement

et les habits qu'ils portoient sur eux. A son arrivée en Suisse, M. du F***. avoit prêté trente louis à un ami ; dans ce moment de besoin, il les lui redemanda, et il promit de les lui rendre dans un mois : en attendant, ils errèrent lui et sa femme de ville en ville, sans trouver un endroit où ils pussent s'établir en sûreté. Ils avoient épuisé leur petite bourse, et ils étoient presque sans habits. Le mois expiré, ils eurent le bonheur de toucher les trente louis ; avec ces fonds, monsieur et madame du F***. prirent le parti de se réfugier dans le seul pays qui pût leur fournir un asyle contre la persécution. Il se mirent en route pour l'Angleterre, en traversant une partie de l'Allemagne et de la Hollande, afin d'éviter de passer par les terres de France.

Ils s'embarquèrent à Rotterdam, et après un long et pénible trajet, ils mirent pied à terre à Londres, fort tard dans la nuit. Un jeune homme, qui avoit été leur compagnon de voyage, eut l'honnêteté de leur trouver un logement dans un grenier, et de leur indiquer un endroit où ils trouveroient des habits faits. Ayant resté assez long-tems dans ce logement pour devenir paroissiens conformément à la loi, ils firent publier leurs bans dans l'église de sainte Anne, dans Wesminter, où ils ont été remariés par le curé de la paroisse. Ensuite ils se sont rendus à la chapelle de l'ambassadeur de France, où l'aumônier les a mariés pour la troisieme fois ; après quoi selon l'expression de M. du F***. lui-même : ,, les deux ,, époux vinrent faire maigre chair dans leur ‟ petite chambre ,,.

M. du F***. tâcha de se placer dans une pension, pour y enseigner la langue française ; mais avant d'y réussir, sa femme accoucha d'une fille. N'étant pas assez riche pour louer une nourrice, il la soignoit lui-même ; ils souffrirent alors toutes les horreurs du besoin le plus absolu. Inconnus dans un pays étranger, privés de tout secours et de toute compassion, au milieu d'un hiver rigoureux, ils manquèrent plus d'une fois de périr de faim et de froid. Cette mere infortunée restoit étendue sur le même lit avec son enfant qui imploroit envain son secours ; le manque de nourriture ayant déséchée pour lui la source naturelle. La femme chez laquelle ils étoient logés, et qu'ils n'avoient pu payer depuis plusieurs semaines, les avertit, après bien des menaces, qu'ils eussent à quitter son appartement le lendemain. C'étoit encore avec peine que madame du F***. pouvoit

traverser

traverser sa chambre, et la terre étoit couverte de neige. Ils avoient déja épuisé toutes
leurs ressources ; déja ils avoient vendu
leurs montres et leurs habits, pour satisfaire
aux besoins de la faim ; tous les moyens de
soulagement étoient évanouis ; ils avoient
entiérement perdu toute espérance, ils
prirent le parti d'aller avec leur enfant jusqu'aux fauxbourgs de la ville, et d'attendre
là avec patience, assis sur une borne, que
la mort vint les déliver de leurs malheurs. Avec quelles angoises ce couple
infortuné ne se prépara-t-il pas à quitter
pour jamais cette misérable retraite ! de
quelles larmes amères ne baigna-t-il pas
ce malheureux enfant, qu'il n'étoit plus en
leur pouvoir d'empêcher de périr !

O mes bons, mes chers amis ! quand je ré-
fléchis, que je suis loin dans ce moment ci,
de donner l'essor au sombre de mon caractère naturel, en peignant des malheurs imaginaires ; quand je me rappelle que ces
souffrances ont été non seulement que trop
réelles, mais que c'est vous qui les avez es-
suyées, des sensations les plus cruelles op-
priment mon coeur, il en est accablé. Le
papier est trempé de mes larmes, la plume
tombe de mes mains.   I

L E T T R E XVII.

» Le monde moral quoiqu'il nous semble
» embarrassé dans ses mouvemens, suit
» dans sa marche un plan sublime. C'est
» la main de la sagesse éternelle qui l'ar-
» range, lui donne l'impulsion, et le dirige
» dans toutes ses parties au bien général ».
(*Thomson*).

Dans un instant aussi critique, monsieur
et madame du F***. furent sauvés de cette
extrêmité de misère par des moyens si inat-
tendus qu'il sembleroit que la main du ciel
s'étoit visiblement intéressée en faveur de
la vertu opprimée. Le jour fatal qu'ils de-

(1) The moral world,
Which though to us it seem perplex'd, moves on
In higher order; fitted, and impell'd,
By Wisdom's finest hand, and issuing all
In universal good.   Thomson.

voïent quitter leur dernier asyle, M. du F***, sortit de bon matin ; il se promenoit dans les rues voisines dans la plus grande agitation, lorsqu'il fut arrêté par une personne qu'il avoit connue à Genève, et qui cherchoit par-tout sa demeure, pour lui remettre une lettre de la part d'un ministre génevois. M. du F*** ouvrit la lettre ; son ami lui mandoit, qu'inquiet pour sa position qui pouvoit l'entraîner dans des difficultés embarrassantes, il lui avoit fait placer dix guinées chez un banquier de Londres. Il conjuroit M. du F***. d'accepter ce foible secours qui étoit tout ce qu'il pouvoit faire pour le moment, afin de lui donner des preuves de son amitié. M. du F***. vola chez le banquier, reçut l'argent qu'il regarda comme un don du ciel, puis précipitant ses pas vers sa femme et son enfant, il leur enjoignit de vivre encore quelques tems.

Peu de tems après, il trouva le moyen de se placer dans une pension en qualité de maître de langue ; madame du F***. après avoir un peu rétabli ses forces, mit son enfant en nourrice, et trouva une pareille place dans une autre pension. Ils se trouvoient bientôt dans le cas de payer l'entretien de leur enfant, et de rembourser leur généreux ami de Genève. A cette époque,

ils apprirent la nouvelle de la mort de leur
fils, qu'ils avoient laissé à Caen.

Monsieur et madame du F***. avoient
passé deux ans dans cette situation, quand
ils furent plongés une seconde fois dans la
plus profonde détresse. Le baron du F***.
avoit donné commission, à un bijoutier
français, d'aller voir son fils, afin de lui
proposer des moyens de conciliation. Cet
homme apprit à M. du F***. que son pere
venoit d'échapper à une maladie dangé-
reuse, et qu'il avoit perdu sa fille ainée.
Ces événemens, dit-il, l'ont conduit à réfléchir avec peine, sur la rigueur dont il
avoit usé envers son fils ; ils ont réveillé
les sentimens paternels dans son coeur;
il ajouta enfin que s'il vouloit se jetter aux
pieds de son pere, et lui demander pardon,
non-seulement il ne manqueroit pas de
l'obtenir, mais que le baron lui accorderoit
même une pension, avec laquelle il pourroit
vivre avec sa femme en Angleterre, et pour
preuve de ce qu'il venoit de lui avancer,
cet homme lui montra plusieurs lettres qu'il
avoit reçues du baron à cet effet ; et pour
lui donner une autre marque de sa sin-
cérité, il lui dit que son pere avoit placé
sept cens livres sterling entre ses mains,
pour les lui faire passer afin de soutenir

sa femme et son enfant pendant son absence. Cet homme lui disoit qu'à la vérité, il n'avoit pu porter l'argent avec lui en Angleterre, mais qu'il lui donneroit, sur-le-champ, trois traites sur un négociant de réputation à Londres, avec lequel il étoit lié d'affaires; la première traite payable en trois mois, la seconde en six, et la troisième en neuf.

M. du F***. balança long-temps avant d'écouter ces propositions. Il connoissoit trop le caractère vindicatif de son père, pour ne pas sentir quelque frayeur en se remettant entre ses mains. Cependant l'homme d'affaires continuoit de lui donner les assurances les plus solemnelles pour sa sûreté; M. du F***. commençoit même à croire qu'il ne seroit pas imposssible que la mort de sa soeur eut pû contribuer à attendrir l'ame du baron. Il pensoit qu'en effet son mariage avoit frustré son père des vues ambitieuses qu'il avoit conçues de former une alliance illustre, objet cher à son coeur; qu'il lui devoit du moins une sorte de réparation en s'empressant d'implorer son pardon aussi-tôt qu'il seroit disposé à le voir; ce qui faisoit encore le plus d'impression sur lui, c'étoit que la somme que son père avoit offert de déposer pour l'u-

sage de sa femme suffiroit, en cas de quelque accident sinistre, pour lui faire une
petite pension, pour elle et son enfant.

Le résultat de toutes ces réflexions, fut,
que M. du F***. prit le parti, (et qui
pourroit blâmer son imprudence ?) de se
fier à son père, de se reposer sur cette affection si naturelle, qu'il ne faut qu'être
père pour en être vivement pénétré, qui sans
être une opération réfléchie de l'ame, n'est
point seulement particulière à l'homme,
mais adoucit encore la férocité du tigre, et
sait faire entendre sa voix toute puissante
au milieu des hurlemens qu'ils poussent
dans les déserts.

Après tant de promesses réitérées, M.
du F***. étoit presque porté à regarder
comme un crime les soupçons dont son
ame étoit encore agitée par intervalles.
Mais dans la crainte qu'il ne fut possible
que l'agent de son père eut été employé à
le tromper, il voulut tâcher de l'attendrir
sur sa position. Pour cet effet, il se rendit au
village où son enfant étoit en nourrice, et
l'apportant dans ses bras à la distance de
six milles, il le présenta à cet homme, en
lui disant que de sa probité dépendoit le
sort de cet enfant. Cet homme le prit entre ses bras, l'embrassa, et le rendant à

son père , lui renouvella ses premières assurances. M. du F***. l'écouta et le crut.
--- Qu'il est difficile, helas ! à un bon coeur
d'attribuer à des individus des crimes qui
font rougir pour l'espèce entière ! Qu'il
est cruel pour une ame embrâsée de la
philantropie la plus pure , de penser un
moment qu'une malignité infernale puisse
être cachée dans le sein de son semblable !

M. du F*** fixa enfin le jour de son départ
avec l'agent de son père, qui devoit l'accompagner en Normandie. Mme. du F***
voyoit avec un déplaisir qu'elle ne cachoit
pas sans peine, les préparatifs de ce voyage :
mais elle sentoit que sa position délicate lui
défendoit d'y prendre aucune part. C'étoit
elle qui l'avoit rendu étranger à sa famille,
qui l'avoit exilé de sa patrie, c'étoit pour
elle que renonçant au rang, à la fortune ,
aux amis , à des liaisons chères, à tout ce
qu'il y a de plus précieux dans la vie, il
avoit souffert les dernières extrêmités de la
misère, qu'il s'étoit soumis à un état humi-
liant et à la dépendance ; n'auroit-il pas
eu le droit de lui reprocher sa foiblesse si
elle eût cherché à s'opposer à sa réconcilia-
tion avec son père, si elle eût exercé l'influence
qu'elle avoit sur son ame, pour le retenir
dans une position si différente du sort qui

I 4

l'attendoit dans sa jeunesse ? Elle sentoit donc que son devoir, sa reconnoissance envers son mari, exigeoient de sa part (pour le moment) le sacrifice absolu de ce que son coeur lui inspiroit : elle souffrit sans murmurer, et se résigna à la volonté du ciel.

Le jour de son départ, M. du F*** fut dire adieu à sa petite fille ; dans ce moment un triste et noir pressentiment agitoit son ame. Il la serra long-tems contre son sein, et la baigna de ses larmes. La nourrice lui demanda avec intérêt ce qu'il avoit, en l'assurant que l'enfant se portoit à merveille. M. du F*** n'eût pas la force de lui répondre : il continuoit de serrer son enfant entre ses bras, mais s'en arrachant enfin en silence, il se précipita hors de la maison.

Le jour de son départ étant venu, Mme. du F***. s'adressa d'un ton suppliant à son compagnon de voyage : C'est à vous, monsieur, dit-elle, que je confie mon mari, le père de ma pauvre enfant, notre seul protecteur et notre appui ! Ayez pitié de la veuve et de l'orpheline ! Cet homme en lui jettant un sombre regard, répondit d'une manière si froide qu'il lui glaça le sang.

Quand M. du F***. monta dans la diligence de Brightheltone, la force lui manqua

pour dire adieu à sa femme ; mais la voiture
ne fut pas plutôt en route que, mettant sa
tête à la portière, il la suivit long-tems des
yeux ; elle de son côté fixa les siens sur
son époux, et pourroit bien avoir répété
avec Imogène (1) dans la tragédie de Cym-
beline, de Shakespeare.

    ,, Ah ! moi, j'aurois voulu briser les
,, fibres de mes yeux dans leurs efforts
,, pour le voir plus long-tems, jusqu'à ce
,, qu'il fut devenu dans l'éloignement plus
,, petit qu'un atôme : oui, mes regards l'au-
,, roient suivi jusqu'à ce que de la grosseur
,, d'un insecte imperceptible, il se fut tout-
,, à-fait évanoui dans l'air, et alors j'au-
,, rois détourné mes yeux et pleuré----
,, mais....... ,,

Aussi-tôt qu'elle eût perdu la voiture de

,, I would have broke mine eye-strings ;
,, Crack'd them, but to look upon him ; till the diminution
,, Of space had pointed him sharp as my needle ;
,, Nay, followed him, till he had melted from
,, The smallness of a gnat to a'r ; and then ---
,, Then turn'd mine eye and wept! ,,

vue, elle rassembla ses forces, et marcha à
pas tremblans vers la pension où elle étoit
attachée comme institutrice; elle en gagna
avec difficulté la porte, mais ses jambes ne
pouvant la soutenir plus long-tems, elle
tomba à l'entrée sans connoissance; on la
porta dans la maison où, par des attentions, on la rendit enfin à la vie et à toute
l'étendue de son malheur.

LETTRE XVIII.

MONSIEUR du F*** arriva en Normandie, au château de son père, au mois de
juin 1778. M. le baron et toute sa famille
le reçurent avec la cordialité la plus affectueuse. Dans l'allégresse de son coeur, il
écrivit une lettre à son épouse pour lui faire
part de cette agréable nouvelle ; sa lettre
néanmoins fut bien loin d'appaiser son inquiétude ; une profonde mélancolie s'étoit
emparée de son ame, et son coeur, qui ne
présageoit rien de bon, se refusoit à partager la joie de son époux. Hélas ! que la
durée en fut courte ! Il n'avoit resté que
peu de jours au château, lorsqu'il s'apperçut avec un étonnement mêlé de frayeur,
que deux domestiques armés de fusils veil-
loient constamment à ses pas.

Enfin, son père lui montra un arrêt
qu'il avoit obtenu le 4 juin 1776, du parlement de Rouen, qui cassoit son mariage.

Le baron ordonna ensuite à son fils de l'accompagner à son hôtel à Rouen où ils se rendirent, suivis de plusieurs domestiques. Le même soir, lorsque tout le monde se fut retiré, le baron levant entièrement le masque, et au lieu de l'honnêteté et de la tendresse qu'il avoit témoigné jusqu'alors à son fils, laissant percer toute la dureté de son caractère, lui reprocha sa conduite dans les expressions les plus amères et les termes les plus choquans. Il s'emporta contre son mariage, et après avoir épuisé tout ce que le ressentiment et la colère peuvent inspirer, il lui permit enfin de se retirer dans sa chambre.

Là, cet infortuné, absorbé dans les réflexions les plus tristes, regretta, mais trop tard, cette crédulité funeste qui l'avoit induit à se remettre au pouvoir d'un père implacable. A minuit, ses méditations furent interrompues par un bruit de personnes qui s'avançoient vers sa chambre. Dans l'instant on ouvre brusquement la porte, et son père, suivi d'un domestique armé, et deux cavaliers de maréchaussée, entre dans son appartement. Résistances, prières, tout fut inutile. On s'empara de ses papiers, on lui enleva quelques louis d'or, seul argent qu'il eût sur lui, et on le conduisit au

milieu de la nuit du 7 juillet 1778, à saint-
Yon, maison réligieuse dont on se sert pour
renfermer des prisonniers dans les environs de Rouen, où il fut plongé dans un
cachot.

Huit jours après, son père vint le voir
dans son cachot., Vous allez croire peut-être
sans doute que son coeur barbare commençoit enfin à être touché des souffrances d'un
fils. Vous vous figurez du moins que sa
conscience tourmentée, ou son imagination
frappée sans cesse du tableau de son fils
étendu sur la paille dans ce lieu souterein,
il ne pouvoit plus en supporter l'idée, et
qu'il s'étoit empressé de tranquilliser son
ame, en lui rendant la liberté. Les motifs
de cette visite étoient d'une nature bien différente. Il pensa que tel étoit l'attachement
de son fils envers sa femme, qu'aussi long-
tems qu'il la croiroit en possession de sept
cent livres sterling, son coeur y trouve-
roit de quoi se consoler au fond même de
son cachot. C'étoit donc pour le détrom-
per d'une pareille erreur, qui seul servoit
à adoucir ses maux, que le père s'étoit empressé de se rendre auprès de lui, Il n'a-
voit pas voulu céder à un autre la commission de lui porter un coup plus cruel

même que sa prison. Il l'instruisit donc que le négociant qui devoit payer la somme en question à sa femme, venoit de faire banqueroute.

Peu de tems après, le baron du F.., intenta un procès contre cet infâme agent qu'il ayoit employé pour tromper son fils, et qui, par un raffinement de trahison dont le baron ne s'étoit pas douté, avoit gardé les sept cent livres sterlings, en donnant des traites sur un négociant qu'il savoit devoir faillir avant l'échéance des effets. Ne pouvant poursuivre cette affaire sans la procuration de son fils, le baron fût obligé de s'adresser à lui. M. du F... décidé de ne pas priver sa femme de la chance du moins de recouvrer cet argent pour son usage et celui de sa fille, tint ferme contre ses prières et ses menaces. En vain son pere qui avoit consenti de lui accorder quelques livres, lui fit ôter cette seule ressource contre l'ennui, en vain il donna ordre d'aggraver la rigueur de sa prison; rien n'ébranla son courage.

M. du F... resta dans son cachot, sans recevoir de qui que ce fut de sa famille la moindre marque d'attachement, quoiqu'il eût un frère M. de B..., qui n'avoit alors que 18 ans. C'est à cet âge cependant qu'il est rare de voir les motifs d'un vil intérêt (quelqu'influence qu'ils puissent avoir sur notre façon d'être, dans une époque plus avancée de la vie) étouffer ces sentimens généreux, ardens, qui semblent devoir être plus particulièrement le partage de la jeunesse. N'auroit-on pas dû croire que ce jeune homme ne regarderoit qu'avec horreur la perspective de jouir d'une fortune, juste héritage de son frère, et qu'il ne lui étoit impossible d'obtenir qu'au prix de la captivité perpétuelle de ce dernier. En admettant que son inflexible père lui eût interdit l'entrée de son cachot, son coeur n'auroit-il pas dû l'instruire qu'en pareil cas la désobéissance étoit une vertu ; et n'auroit-il pas suffi de rester témoin passif de l'injustice, sans devenir, comme il lui est arrivé dans la suite, l'instrument de la cruauté qu'on a exercé contre son frère ?

Mais comment peindre les souffrances de madame du F..., pendant ce tems ? Trois semaines après son départ, elle avoit appris le bruit qui couroit à Rouen, que le baron du F... venoit d'obtenir une lettre de cachet contre son fils, et qu'il l'avoit fait enfermer. Pendant deux ans, elle n'entendit plus parler de son mari, ignorant le lieu où il étoit détenu, incertaine même de son existence. Ses tourmens étoient plus cruels peut-être que ceux de son époux, car néanmoins il

trouvoit quelque soulagement à ses peines,
dans l'horrible solitude dè sa prison, en
réfléchissant qu'il souffroit pour l'objet de
son amour, tandis que cette idée seule plongeoit un poignard dans le coeur de la sensible Monique ; ses jours s'écouloient dans
des angoises que, pour se les figurer, il faut
les avoir senti ; ses nuits étoient troublées
par des songes sinistres. Tantôt elle le
voyoit enchaîné au mur de son cachot, le
sein baigné de sang, et la figure pâle et dé-
figurée par la mort. Tantôt elle croyoit le
voir précipitant ses pas vers elle ; mais qu'au
moment qu'il lui tendoit les mains, on l'ar-
rachoit de ses bras. Madame du F... étoit
naturellement d'une constitution très-déli-
cate, et la douleur l'avoit tellement affoiblie
qu'à peine pouvoit-elle remplir les devoirs
de son état. Quant à elle, elle eût reçu le
coup de la mort avec reconnoissance ; mais
elle sentoit que son enfant n'avoit d'autre
soutien que son travail. Ce motif puissant
la faisoit chercher à conserver une existence
qu'elle avoit long-tems regardée comme un
fardeau. L'enfant avoit déja trois ans lorsque son père quitta l'Angleterre ; elle se sou-
venoit parfaitement de lui, et sa mère n'alloit jamais la voir qu'elle ne le demandât

avec

avec empressement, et telles étoient les tendres expressions de cette jeune enfant :
« Quand verrai-je mon cher, papa ? »
ce qui perçoit le coeur de cette mere infortunée, et la plongeoit dans un état dont il
est impossible de peindre les tourmens.

K

LETTRE XIX.

On offrit souvent à M. du F*** de lui rendre sa liberté, mais à des conditions qui répu-
gnoient à son coeur. On exigeoit qu'il renon-
çat pour jamais à sa femme, qui, aussi long-
tems qu'elle resteroit avec son enfant en pays
étranger, toucheroit une petite pension ac-
cordée par son père, pour l'indemniser du
sacrifice de l'affection de son mari, de son
propre déshonneur et de sa honte. Il rejetta,
avec l'indignation de la vertu outragée, ces
proposisions injurieuses, et s'efforça d'ac-
coutumer son ame aux horreurs d'une prison perpétuelle.

En effet, l'imagination ne sauroit dépeindre rien de plus effrayant que cette prison.
Il y voyoit en frémissant que la plupart des
prisonniers qui avoient passé plusieurs années dans les fers, avoient tous des symp-
tômes de frénésie dans leurs regards, preuve
que la raison, trop foible pour lutter long-
tems avec de telles souffrances, venoit de

céder enfin au désespoir. La cellule qui touchoit à celle de M. du F***. étoit occupée par un vieillard qui y étoit renfermé depuis près de quarante ans. Sa barbe blanche pendoit jusqu'à sa ceinture, et pendant le jour on l'enchaînoit par le col à la muraille. On ne lui permit jamais de sortir de sa cellule, et jamais il ne parloit. M. du F*** entendoit distinctement le bruit de ses chaînes.

Les prisonniers, à quelques exceptions près, sortoient de leurs cellules à midi pour dîner ensemble ; mais un silence continuel régnoit dans ce sombre repas. Il leur étoit défendu de laisser échapper un seul mot, sous peine d'une prison encore plus rigoureuse pendant quelques semaines. Ce triste dîner n'étoit pas plutôt fini que l'on ramenoit les prisonniers à leurs cachots, où ils étoient renfermés jusqu'à la même heure du lendemain. M. du F*** passa deux hivers sans feu, dans son humide et triste cellule. Il souffroit tellement du froid qu'il étoit réduit à s'envelopper dans les garnitures qu'on lui donnoit pour couvrir son lit. Il n'avoit pour toute lumière que le foible jour qui pénétroit dans sa cellule, à travers une grille pratiquée dans le plafond.

K 2

N'est-il pas difficile à croire que ces tourmens fussent l'ouvrage d'un père ? d'un
père ! ce nom que je ne puis tracer sans
émotion, qui comprend toutes les idées de
protection, de sûreté et de tendresse; -- Cette
tendre liaison à laquelle les enfans en général sont redevables de leur prospérité, leur
bonheur, et même de leurs vertus ! Hélas !
l'infortuné M. du F***, ne devoit rien à
son père, qu'une existence empoisonnée
dès sa première jeunesse, par sa conduite
barbare, et non content de cela, il le con-
damnoit à la traîner dans des tourmens auxquels la mort seule pouvoit mettre un terme.

Un jeune gentilhomme, renfermé dans une
cellule à côté de celle de M. du F***, parvint
à faire un petit trou dans la muraille, à travers de laquelle ces compagnons de malheur en s'appliquant la bouche, pouvoient
s'entretenir ensemble à demi-voix. Ce commerce ne fut pas de longue durée; le secret
en étant parvenu aux moines, ils les privè-
rent bientôt de cette jouissance, en les sé-
parant dans des cellules éloignées. Ces mi-
nistres impitoyables, dont l'occupation
étoit de tourmenter leurs semblables avec
tant de fidélité, qu'ils ne relâchoient jamais
en rien du moindre objet de persécution,
et qui s'attachoient avec une rigueur scru-

puleuse au code barbare qui leur étoit pres-
crit ; ces religieux portoient le titre de frères de la sainte charité ! Un d'eux méritoit
sans doute ce nom. Ce bon vieillard étoit
dans l'usage d'aller voir les prisonniers à
la dérobée, et de tâcher de leur adminis-
trer un baume salutaire dans leur affliction.
Souvent il répéta à M. du F***, « mon
cher frère, consolez-vous ; mettez votre confiance en dieu, vos maux auront une fin !

M. du F*** resta deux ans en prison
sans recevoir aucunes nouvelles de celle
pour laquelle il avoit souffert les peines
les plus cruelles. Il avoit toute raison de craindre, que son corps, déja affoibli
par ses malheurs, n'eut succombé sous ce
surcroit de misère. Il craignoit qu'elle n'eut
peut-être plus la force de gagner le modique salaire destiné à servir à ses besoins et
à ceux de son enfant. Enfin, un de ses ca-
marades de captivité qui étoit sur le point
de recouvrer sa liberté, se chargea d'une
lettre pour madame du F***, en lui faisant
en même tems espérer de pouvoir trouver
quelque moyen de lui faire passer une réponse.

Cette lettre dépeint si naturellement la
position de son ame, que j'en ai traduit
quelques extraits que voici :

K 3

(150)

» Mes pensées, dit-il, sont occupées
» sans cesse de vous et de ma chère petite
» fille ; je me rappelle à chaque instant les
» momens heureux où j'avois le bonheur
» d'être auprès de vous, et ne puis arrêter
» mes larmes à ce cruel souvenir. Comment
» ai-je pu consentir à me séparer de tout
» ce qui m'est cher dans le monde ? Nul
» motif moins puissant que celui de cher-
» cher votre bonheur et celui de mon en-
» fant, n'auroit pu me décider à le faire.
» Hélas ! et je n'y ai pas réussi. Je sais trop
» bien que vous n'avez jamais touché cet
» argent que je croyois vous avoir assuré,
» et pour lequel j'ai risqué le premier bien-
» fait de la vie Mais ce qui ajoute encore
» aux horreurs de mon existence dans la
» solitude de mon affreuse prison, c'est la
» crainte des embarras auxquels vous êtes
» assujettie dans un pays étranger. J'ignore
» entièrement votre sort, et je ne puis
» qu'offrir les voeux les plus ardens au
» ciel pour votre bonheur. »

» Avec quelle joie ne recevrois-je pas une
» lettre de votre main ! mais je n'ose me
» flatter d'une espérance aussi douce.
» Quant à moi, tout ce que je puis vous
» assurer, c'est que quoique séparé peut-
» être pour jamais, nos ames sont réunies

,, par l'attachement et l'amitié la plus ten-
,, dre. Il se pourroit bien que je ne trou-
,, vasse de longtems une seconde occasion
,, de vous écrire ; mais soyez persuadé que
,, ni les menaces, ni les souffrances, ni les
,, noirs cachots ne réussiront jamais à
,, ébranler ma fidélité pour vous, et que je
,, vous aimerai jusqu'au dernier soupir. Je
,, me console même en réfléchissant que
,, c'est pour vous que je souffre, et s'il plai-
,, soit à la providence de vouloir bien nous
,, réunir un jour, ce moment effaceroit le
,, souvenir de tous mes maux. Vivez, ma
,, très-chère épouse dans ce doux espoir,
,, vivez, je vous conjure, pour l'amour de
,, moi, pour l'amour de notre chère petite
,, fille ! Embrassez-là tendrement pour moi,
,, et priez-là de vous embrasser pour son
,, pauvre papa, Je n'ai pas besoin de re-
,, commander mon enfant aux soins d'une
,, si tendre mere ; mais je vous conjure
,, d'imprimer dans son ame, les plus pro-
,, fonds sentimens de la religion. Et si sa
,, destinée malheureuse veut qu'elle soit
,, née pour hériter de l'infortune de son
,, pere, c'est là où elle trouvera sa plus
,, sûre consolation. ,,.
　　,, Quelles que soient les offres que vous
,, fasse mon pere, je vous exhorte à n'a-

„ voir jamais la foiblesse d'y accéder ; gar-
„ dez vos droits et ceux de ma chere petite
„ fille, le jour viendra peut-être où ils
„ se trouveront de quelque prix. Si vous
„ êtes encore attachée à la pension de ma-
„ dame D**., dites lui que je recommande
„ à sa compassion ma femme et mon en-
„ fant. --- Mais que dis-je ? J'ignore si
„ vous êtes encore chez elle, j'ignore même
„ si les plus tendres objets de mon affec-
„ tion existent encore ; j'ose espérer cepen-
„ dant que la providence vous a conservée.
„ Adieu ! Puisse l'être tout puissant vous
„ bénir ainsi que mon enfant! Je le prie
„ sans cesse d'avoir pitié de la veuve et
„ de l'orpheline, exilées dans une terre
„ étrangère :

LETTRE XX.

Et vous ma chere amie, vous qui avez senti les tendres attachemens de l'amour et de l'amitié, et les pénibles inquiétudes de l'absence, même au milieu des scènes bruyantes de la variété et du plaisir; vous qui savez le prix qu'on met aux nouvelles de ceux qu'on préfere dans les petits calculs du coeur; qui avez entendu avec tressaillement la voix du facteur à la porte; qui tout en tremblant avez regardé l'écriture connue, dont la vue vous a presque ôté le pouvoir de rompre le cachet, quoique peut-être il fut le talisman du bonheur : c'est à vous d'imaginer les sensations de M. du F**. en recevant, par l'entremise du même ami qui avoit fait passer sa lettre, une réponse de sa femme. Cependant, la personne qui avoit porté la lettre à son cachot, redoutant quelque contretems, exigea qu'après l'avoir lue, il la lui rendit sur le champ. M. du F*** serra la lettre contre son sein, la baigna de ses larmes, et pria en grace la personne de la lui laisser jusqu'au lende-

main. Il obtint cette faveur, et la relut jusqu'à ce que chaque mot en fut gravé dans
sa mémoire. Aprés avoir joui du triste
plaisir de la tenir toute la nuit contre son
coeur, il fut obligé de rendre le lendemain
son cher trésor.

Le 10 octobre 1780, le baron du F***.
se rendit au couvent et donna ordre aux
moines de faire sortir son fils de son cachot, de l'amener au parloir, et de les
laisser ensemble. M. du F***. qui depuis
long-tems avoit perdu tout espoir de fléchir
le coeur endurci de son pere, n'obéit à ses
ordres qu'avec beaucoup de répugnance.
Aussitôt que les moines se furent retirés, le
baron commença par lui reprocher, dans
les termes les plus durs, la résistance opi-
niâtre qu'il mettoit à ses voeux, résistance
qu'il lui assura avoir été inutile, puisqu'il
venoit de gagner son procès, contre le
négociant qui lui devoit les sept cens livres
sterling. M. du F*** répondit que cette
nouvelle lui auroit fait infiniment plus de
peine, s'il avoit eu le malheur de concourir
à priver sa femme de l'argent qui lui avoit
été promis pour sa subsistance, et qui,
pour l'obtenir, l'avoit tenté de quitter
l'Angleterre. Son pere lui demanda alors
s'il persistoit encore à vivre dans les liens

deshonorans qu'il avoit formés. Il lui répondit que non-seulement ses affections les plus chères, y étoient profondément intéressées, mais qu'il se croyoit même lié par l'honneur de tenir un engagement aussi sacré et aussi solemnel, avec la fidélité la plus inviolable. A ces mots, la rage du baron ne connut plus de bornes, il frappa la terre du pied ; et leva même la main contre son fils, qui profitant de ce moment de frenésie, prit le parti de tâcher de se sauver. Se précipitant donc hors de la chambre, et évitant la partie du couvent que les moines occupoient, il chercha mais inutilement le passage du jardin. Il monta rapidement ensuite par un escalier, d'où il entendit la voix de son pere criant au secours. Trouvant toutes les portes fermées, il continua de monter jusqu'à ce qu'il eut gagné le haut de la maison, où ne voyant qu'un petit trou pratiqué sous la pente du toît pour laisser entrer le jour dans un grenier, il y grimpa avec bien de la peine, puis mettant ses pieds dehors et s'y glissant par degrés, il se soutint un moment sur le toît, pour délibérer sur ce qu'il feroit ; mais le désespoir avoit tellement exalté sa tête, que n'écoutant aucunement la peur, il se laissa aller, et se jettant de la hauteur de près de cin-

quante pieds, il tomba à terre, sans connoissance, où il resta baigné dans son sang,
avec toutes les apparences de la mort.

Il étoit tombé sur la grande route de
Rouen à Caen, des voyageurs qui passoient
s'assemblèrent autour de lui ; l'un d'eux,
après avoir lavé le sang de sa figure, le re-
connût sur le champ, et s'écria, à l'étonnement de tout le monde, que c'étoit le fils
aîné du baron du F***. En visitant son
corps, on trouva qu'il avoit le bras, la
cuisse, la cheville du pied et l'os du talon
cassés, outre plusieurs meurtrissures consi-
dérables. Il étoit encore dans cet état d'in-
sensibilité, et les charitables étrangers em-
ployoient tous leurs efforts pour le rendre
à la vie, lorsque les moines accourans de
leur couvent, arrachèrent leur victime des
mains de ces bons samaritains, dont le seul
desir étoit de verser de l'huile et du vin
sur ses plaies. Ils le transportèrent à l'in-
firmerie du couvent, où il resta pendant
quelques semaines avant de recouvrer ses
sens ; au bout desquelles il passa encore trois
mois étendu sur son lit, souffrant les plus
vives douleurs.

Le baron qui avoit été le geolier, et presque le bourreau de son fils, entendoit parler
de ses souffrances sans remords, et ne le

vit plus depuis. Cependant, quoiqu'assez dur pour voir sans émotion les maux qu'il faisoit souffrir à son fils, quoique sourd aux reproches de sa conscience, il ne lui étoit pas possible d'étouffer la voix de l'indignation publique. Le bruit qu'on avoit trouvé M. du F*** sur le chemin, baigné dans son sang, qu'on l'avoit traîné dans cet état à sa prison de S.-Yon, se répandoit rapidement dans la ville de Rouen. Tout le monde prenoit part au sort de ce malheureux jeune homme, et ne voyoit qu'avec exécration la tyrannie de son inexorable pere.

La clameur générale parvint enfin à son frere, M. de B**, qui par respect pour l'opinion publique, fit alors, pour la première fois, une démarche que son cœur ne lui avoit jamais dictée pendant la longue captivité de son frere, ce fût d'aller le voir dans sa prison. Dans ces visites, M. de B**. n'avoit d'autre but que d'appaiser le public; la consolation qu'en tiroit son frere se réduisoit à fort peu de choses. Il n'y alla point pour baigner de pleurs le lit où cet infortuné étoit retenu par les tourmens les plus affreux; pour pleurer avec lui sur la rigueur de son pere; et lui offrir la consolation de la tendresse fraternelle : il

s'y rendit au contraire pour le prémunir
contre tout espoir de jamais regagner sa liberté, et percer son ame des traits de la
cruauté qui se joue des larmes qu'elle force
de répandre.

Je n'essayerai point de dépeindre les
tourmens de madame du F***, en apprenant la nouvelle de la position de son mari.
Votre cœur vous fera sentir ses souffrances
infiniment mieux que ma plume ne pourroit
vous les décrire. Trois mois après sa chûte,
M. du F*** aidé du bon vieux moine,
trouva le moyen de lui faire passer quelques
lignes écrites de sa main gauche. ,, Ma
,, chûte, dit-il, a fait connoître ma capti-
,, vité, et intéressé toute la ville de Rouen
,, à mes malheurs. Peut-être aurai-je raison
,, de bénir cet accident qui pourra bien
,, dans la suite me rendre la liberté, et me
,, procurer l'occasion de me réunir à vous!
,, En attendant, j'espère que la providence
,, ne cessera de veiller avec une bonté pa-
,, ternelle sur les deux objets de ma plus
,, tendre affection. Je vous en prie, ma
,, chère femme, que l'idée de ma position
,, ne fasse pas une trop vive impression
,, sur votre ame. Mon bras est presque
,, rétabli: la cuisse et le pied ne sont pas
,, encore tout-à-fait guéris; mais je vais
,, toujours de mieux en mieux.

« Je n'ai pu retenir mes larmes en lisant
» cette partie de votre lettre, où vous me
» dites que ma chère petite fille demande
» souvent des nouvelles de son papa. Em-
» brassez-là pour moi mille fois, et dites
» lui que son papa ne pense qu'à elle et
» à sa chère maman. Je suis bien persuadé
» que vous lui donnerez là une éducation
» aussi bonne que vos petits moyens le
» permettent. Mais sur-tout, je vous prie
» d'inspirer à sa jeune ame des sentimens de
» piété. Apprenez lui à aimer son créateur,
» c'est la plus essentielle de toutes les leçons.
» Adieu, la plus chere et la plus aimée des
» femmes ! Le sort nous a-t-il donc réservé
» un moment où nous puissions être assez
» heureux pour nous revoir ? Oh ! com-
» me tous nos maux seroient rachetés
» par ce moment ! ».

LETTRE XXI.

Le parlement de Rouen commençoit enfin à s'intéresser dans l'affaire de M. du F***. On parla des circonstances de son emprisonnement dans cette assemblée, et le président envoya son secrétaire à la prison de M. du F***; il venoit alors de se lever, mais il ne marchoit encore qu'avec des béquilles. D'après le conseil du président, M. du F*** adressa plusieurs requêtes au parlement dans lesquelles, après avoir dépeint sa situation dans les termes les plus pathétiques, il imploroit en sa faveur la médiation de ce corps.

Il est nécessaire ici de vous dire, que M. de Belbœuf, avocat général au parlement de Rouen, qui étoit infiniment lié avec la famille du baron du F***, avoit donné à celui-ci une preuve de son amitié en faisant renfermer son fils près de trois ans, de son propre chef, et sans aucune lettre de cachet. Quoique M. de Belbœuf sût on ne peut mieux que tous les genres d'oppressions, s'exerceroient impunément par le moyen des

lettres

lettres de cachet, il ne savoit pas moins que
ce n'étoit que sous leurs auspices seuls, que
l'exercice de la tyrannie étoit permis; aussi
sentant que, dans cette affaire il n'avoit pas
été cruels *selon les régles*, il craignit d'être
rendu responsable de sa conduite, en cas
que M. du F*** parvint à regagner sa liberté. Il employa donc toute son influence,
(et il n'y réussit que trop bien), à contra-
rier l'intention généreuse du président pour
M. du F***. En effet, les lettres de cet infortuné furent lues et transcrites sur les re-
gistres du parlement, où elles sont encore,
monument de la lâcheté de ces hommes, qui
laissoient prévaloir l'autorité de M. Bel-
boeuf, sur la voix de l'humanité souffrante ;
qui reconnoissant l'autorité de la conduite
du baron du F***, fermoient l'oreille aux
prières de son fils, tandis que du fond de
son cachot, il imploroit leur protection et
leur justice.

Puisse le sort du captif ne plus tenir en
France au léger fil de la pitié, ni au caprice
des particuliers quelconques ! Puisse la justice élever sur des bases éternelles un asile
sacré pour les opprimés, et l'humanité et la
miséricorde être les plus beaux ornemens de
son temple !

Le baron du F*** sentoit que malgré le

L

succès de ses intrigues auprès du parlement qui avoient empêché ce corps d'intervenir en faveur de son fils, il lui seroit impossible d'appaiser la clameur publique, aussi long-tems qu'il resteroit renfermé à saint-Yon. Il prit donc le parti de le transférer à quelque prison éloignée, où son nom et sa famille fussent inconnus; et où il périroit sans pitié, et sans secours; dans un lieu qui ne seroit pas du ressort du parlement de Rouen. Cependant n'osant l'enlever par force au milieu de la clameur générale, il fit tomber son fils dans un piège qu'il lui avoit dressé avec art.

Il envoya M. de B*** à la prison de son frère, où celui-ci lui représenta, que quoiqu'il feroit mal de se flatter de regagner jamais sa liberté, cependant, s'il vouloit bien écrire une lettre à M. *Miromesnil.* garde des sceaux, avec prière d'être transféré à quelqu'autre endroit, on auroit soin de rendre sa prison infiniment moins rigoureuse. M. du F*** étoit alors dans un tel état de désespoir, qu'il étoit devenu presqu'indifférent sur son sort. Il sentoit que le parlement avoit abandonné sa cause. Il ne voyoit nulle possibilité de se sauver de saint Yon, au lieu que dans un endroit où il seroit gardé avec moins de rigueur, il auroit

quelques espérances ; dirigé par ces motifs, il consentit à écrire la lettre qu'on
lui demandoit, avec laquelle M. de B***
retourna en triomphe chez son père. Il se
trouva cependant dans cette lettre certaines
expressions peu du goût de M. le baron,
qui la renvoya pour être changée par son
fils. Dans cet intervalle, M. du F*** avoit
réfléchi sur l'imprudence de s'être fié aux
promesses de ceux qui l'avoient déja si in-
dignement trompé. M. de B*** ne lui eût
donc pas plutôt rendu la lettre, qu'il la
déchira par morceau, en faisant refus posi-
tif d'en écrire une autre.

Bientôt après, l'ambassadeur du tyran,
M. de B***, se rendit encore auprès de son
frère avec de nouveaux pleins pouvoirs. Il
l'assura, que s'il vouloit écrire une lettre au
garde des sceaux, en lui demandant de ne
plus rester à saint Yon, on lui accorderoit
sa liberté quinze jours après son arrivée
ailleurs. Sur les remarques de M. du F***,
qu'il ne pouvoit plus se fier aux promesses
de sa famille, son frere s'engagea par un
écrit signé, et accompagné des assurances
les plus solemnelles, que cette promesse seroit fidélement remplie. M. du F*** demanda permission de réfléchir quelques
jours, et pendant cet intervalle, il trouva

les moyens de consulter un magistrat de
Rouen, qui s'étoit montré son ami. Ce magistrat lui conseilla d'accepter les conditions
qu'on lui offroit ; mais toujours en faisant
faire plusieurs copies de l'engagement écrit,
qu'il feroit certifier par ceux des prisonniers renfermés à saint Yon, qui étoient
dans le cas de r'avoir leur liberté ; précau-
tion d'autant plus nécessaire, que la copie
qu'il en garderoit lui-même, pourroit bien
être arrachée de ses mains.

Ainsi, ne voulant point se fier ni à l'affection, ni à la pitié de ces hommes qu'il savoit bien étrangers à tous remords ; il fit
avec un père, un frere, un contrat qui sta-
tuoit sa délivrance, et devoit le tirer d'une
prison perpétuelle ; puis il écrivit la lettre
qu'ils demandoient.

Au bout de quelques jours un ordre arriva de Versailles pour le faire sortir de la
prison de saint Yon, accompagné d'une lettre de cachet qui l'exiloit à Beauvais, avec
ordre de ne pas sortir de la ville. M. de
B*** faisant le rôle de cavalier de maréchaussée, conduisit son frere au lieu de son
exil et l'y laissa. Quelque tems après, M.
du F*** reçut un avis du magistrat de
Rouen, qui s'étoit intéressé à lui dans ses
malheurs ; il lui mandoit que son pere étoit

sur le point d'obtenir une nouvelle lettre de cachet, pour le faire transférer de Beauvais dans quelques prisons des provinces méridionales, où l'on n'entendroit plus parler de lui. Il ajouta, que M. du F*** n'avoit pas un instant à perdre, et lui conseilla de se sauver sur le champ.

Le lendemain de bon matin, M. du F*** qui avoit le privilège de se promener dans la ville, s'enfuit de Beauvais. La personne qui lui apporta la lettre du magistrat, l'attendit à quelque distance de la ville, et l'accompagna dans sa route. En arrivant à Lille, n'étant pas munis de passe-port, ils furent obligés d'attendre depuis onze heures du soir jusqu'à dix heures du matin, avant de pouvoir obtenir du gouverneur la permission de continuer leur chemin. M. du F***, persuadé que l'on se seroit mis à sa poursuite, étoit dans la plus vive inquiétude. Son compagnon parvint enfin, moyennant quelque adresse, à obtenir un passe-port, et ne le quitta qu'à Ostende. Le vent étant contraire, il fut obligé d'y passer deux jours dans l'état le plus cruel, caché à bord du vaisseau sur lequel il avoit arrêté son passage pour l'Angleterre. Enfin, le vent ayant changé, le vaisseau mit à la voile, et gagna Margate bien avant dans la nuit. En mettant le pied sur les côtes de l'Angleterre, il se prosterna, et dans un transport de joie, il baisa la terre de ce pays qui deux fois lui avoit fourni un azile.

Il demanda ensuite à quelle heure la diligence devoit partir pour Londres, on lui répondit que c'étoit de si bonne heure du matin, qu'il seroit forcé à différer son voyage jusqu'au lendemain, puisqu'il falloit attendre que les commis de la douane fussent levés pour faire visiter sa malle ; mais après une si longue absence, après tant de tourmens, un délai même de quelques heures qui le privoit de la satisfaction de voir sa femme et son enfant eût été beaucoup trop long. Dans cette extrême agitation, il prend son porte-manteau et se préparoit à le jetter à la mer, s'il n'eut pas été retenu par des personnes qui l'assurèrent qu'en payant les honoraires d'avances, sa malle seroit expédiée à son adresse. Il se rendit donc sans hésiter à leurs avis, et partit pour Londres le matin. A mesure qu'il approchoit de cette capitale, son anxiété, son impatience, son émotion s'accroissoient ; sa position actuelle lui paroissoit être un de ces songes délicieux dont il jouissoit quelquefois dans l'obscurité de son cachot, et qui le réunissoit en idée à tout ce qu'il aimoit dans le monde.

A peine pouvoit-il se persuader qu'il fut
réellement hors de l'atteinte de l'oppression;
qu'il fut dans un pays de liberté ; que chaque pas le rapprochât de sa femme et de
son enfant. En entrant dans Londres, il
fût prêt à succomber à ses sensations. Le
voici enfin rendu dans l'endroit habité par
sa femme et son enfant. Mais étoient-elles
encore en vie ? Etoient-elles en bonne santé?
Le ciel lui avoit-il réservé en effet le doux
plaisir de les serrer encore une fois contre
son cœur, de mêler ses larmes aux leurs ?
En frappant à la porte de la maison où il
s'attendoit à avoir des nouvelles de son épouse, à peine pût-il articuler les questions qu'il
fit coup sur coup à son sujet et à celui de
sa fille. On lui apprit qu'elles se portoient
bien toutes les deux ; mais que madame du
F*** étant placée à six mille de Londres,
il ne pouvoit la voir avant le lendemain.
M. du F*** ne s'étoit pas couché depuis
plusieurs nuits, et il étoit excédé d'agitation
et de fatigue. Il partit cependant à pied
pour gagner la demeure de sa femme, s'annonça à la maîtresse de la maison, et resta
dans un autre appartement, tandis que celle-
ci, après avoir fait promettre à madame du
F*** de l'écouter tranquillement, lui apprit que peut-être elle ne tarderoit pas à

L 4

voir son mari en Angleterre. Il entend les
sanglots et les cris de sa femme en apprenant cette nouvelle. --- il ne peut plus se
retenir. --- Il s'élance dans la chambre, il se
jette dans ses bras, la tient serrée contre son
sein sans pouvoir proférer une parole, et
madame du F*** ne pût lui répondre même
par des larmes, et ce ne fut qu'après avoir
longtems cherché à la calmer par sa tendresse, l'avoir entretenu de son enfant,
qu'elle se soulagea par un torrent de larmes;
puis, avec la plus vive émotion, elle faisoit
sans cesse les mêmes questions à son mari,
et ne regagna enfin sa tranquillité qu'au
bout d'un tems considérable.

Tout le bien dont M. du F*** étoit pos-
sesseur en arrivant à Londres, ne consistoit
qu'en une demi-guinée ; heureusement sa
femme pendant son absence, avoit mis de
côté dix guinées des épargnes de ton salaire modique. Vous vous imaginez bien
le prix qu'elle mit à ce trésor, puisqu'il lui
procuroit le bonheur de pouvoir en faire
le meilleur usage possible, en l'appliquant
aux besoins de son mari. M. du F*** retourna à Londres le lendemain, où il loua
un pauvre galetas. Là, avec quelques livres,
une veilleuse, et un peu de paille dont il
s'enveloppoit les jambes, pour suppléer au

manque de feu, il se souvint, non pas de l'éclat auquel il avoit été autrefois accoutumé, mais du cachot d'où il venoit de s'échapper. Il voyoit sa femme et son enfant une fois par semaine ; et dans ces momens de mélancolie, où la lecture cesse de soulager l'ame, il s'amusoit à anticiper sur l'heureux instant qui devoit le réunir aux objets les plus chers à son coeur. Il passa ainsi ces intervalles dans une résignation philosophique. Ses habits étant trop mauvais pour qu'il voulût paroître en plein jour, il sortoit de son petit réduit à l'entrée de la nuit, et cherchoit à s'échauffer en marchant.

Pour surcroît de peines, il eût le malheur de gagner la petite vérole, et la maladie devint si violente qu'on désepéroit de sa vie. Dans ses délires, il racontoit souvent la triste histoire de ses malheurs, et ne voyoit personne approcher son lit, qu'il ne criât avec véhémence : « faites sortir tous les français ! ». Après avoir passé quelques jours dans le plus grand danger, M. du F*** revint heureusement de cette maladie.

LETTRE XXII.

Six mois après le retour de M. F*** en
Angleterre, sa famille se trouva contrainte
de lui accorder une pension annuelle pour
appaiser la clameur publique. Madame du
F*** quitta pour lors sa place, et vint vivre
avec son mari et son enfant dans un appartement obscur. Ils trouvèrent moyen d'aug-
menter leur petit revenu en donnant des leçons de français dans quelques maisons particulières.

Une jeune demoiselle, qui vint me faire
visite à Londres en 1785, désirant apprendre le français, l'on nous recommanda Madame du F***. Nous ne tardames pas à
appercevoir dans sa conversation, les
marques d'un esprit cultivé et d'une aimable disposition. Au bout de quelque tems,
elle nous raconta l'histoire de ses malheurs
embellie de toute l'éloquence pathétique
qu'y ajoutoit encore sa manière de
la raconter. Après avoir entendu ce récit,
il ne falloit qu'être humain, pour la traiter
désormais avec tous les égards dus aux mal-

heureux, et pour accorder à ses peines un sympathique attendrissement, qu'elles réclamoient à si juste titre.

Les coeurs sensibles de M. et madame du F***, n'ont-ils pas trop apprécié ces témoignages d'estime et d'amitié que nous avons été assez heureuses de pouvoir leur donner dans ces momens d'adversité ! Mais n'anticipons pas sur les événemens.

Le 7 octobre, 1787, le baron mourut, laissant, outre M. du F***, deux fils et une fille.

Ici, il faut vous apprendre, qu'à l'époque de cet accident qui fit garder le lit à M. du F*** dans les prisons de St. Yon, son père pour se soustraire à la censure des habitans de Rouen, s'étoit retiré pendant quelque tems à Paris. Là, il fit un testament qui privoit son fils aîné de son héritage. Cependant par les anciennes lois de France, un père ne pouvoit punir son fils plus d'une fois pour la même faute. Je ne crois pas qu'on puisse blâmer la douceur d'une pareille loi comme menant à la désobéissance ; puisque cette seule punition, contre la répétition de laquelle la loi s'étoit si humainement prémunie, pouvoit être portée à volonté, à une prison perpétuelle. Et telle étoit, à n'en pas douter, l'intention du baron du F*** ; et quoiqu'il en ait été frustré par son fils qui en fût quitte pour trois années de prison , et quelques membres cassés , la loi en question n'intervint pas moins dans ces circonstances , pour prévenir toute punition ultérieure , et laissa le baron privé de tout droit légal de deshériter M. du F***. Ses frères, instruits de ce fait, lui apprirent la mort de leur père , en l'invitant à revenir en France. Il refusa d'y retourner tant que la lettre de cachet contre lui ne seroit pas levée. Cependant le baron avoit laissé tous ses papiers sous le scellé , et ses frères ne pouvoient le faire lever qu'en présence de leur aîné. Ils obtinrent la révocation de la lettre de cachet, et l'envoyèrent à M. du F*** qui se mit en route sur le champ pour la France.

Les biens du feu baron montoient à environ quatre mille liv. sterling de rente. N'ayant rien de plus à coeur que d'éviter un procès litigieux avec ses frères , M. du F*** consentit à partager cette fortune avec eux. Il eût bientôt raison de se repentir de son imprudence. Ces mêmes frères auxquels il avoit fait don d'une portion égale de sa fortune, refusèrent d'agir de concert avec lui, en sollicitant auprès du parlement de Rouen, la révocation de son mariage. Aussi étonné

qu'affecté de leur refus , M. du F*** commença à avoir quelques alarmes pour sa
sûreté personnelle ; et craignant qu'ap-
puyés de l'influence de sa mère, ils ne
parvinssent à obtenir une seconde lettre de
cachet contre lui, il s'empressa de retourner en Angleterre. Ce ne fut qu'après
avoir reçu des assurances réitérés de la part
de plusieurs magistrats de Rouen , qu'ils se
rendoient responsables de sa personne,
qu'il osa rentrer en France, accompagné
de Madame et Mademoiselle du F*** afin
de solliciter la révocation de l'arrêt. En arrivant à Rouen , ils trouvèrent le parlement
en exil, et voyant l'impossibilité de poursuivre l'affaire à cette époque, ils allèrent
passer l'hiver en Angleterre.

Dans ce moment sa mère mourut ; à
l'été suivant, M. et Mme. du F*** arrivè-
rent en France, au commencement de l'ère
mémorable de la liberté française, le 15
juillet 1789, le lendemain de la prise de
la bastille. Ce fut alors que M. du F*** se
trouva en sûreté dans son pays natal ; ce
fut alors qu'il ne craignit plus de voir son
bonheur domestique empoisonné par la
crainte d'être arraché du sein de sa famille
par une séparation mille fois plus cruelle
que la mort ; ce fut alors qu'il ne redouta

plus de voir son repos interrompu au milieu de la nuit, par l'entrée de ces brigands prêts à le traîner dans des cachots, dont l'obscurité n'est jamais dessinée par les divins rayons du soleil.

Il prit possession de son château sur le champ ; il n'attend que la nomination des nouveaux juges, pour solliciter la révocation de l'arrêt contre son mariage, et pour assurer l'héritage de ses biens à mademoiselle du F*** sa fille unique, âgée actuellement de quinze ans. C'est ce même enfant qui, née dans le sein de l'adversité, avoit été exposée dans son jeune âge à toutes les horreurs du besoin. Puisse-t-elle ne jamais connoître les souffrances de ses parens, mais se montrer toujours la digne héritière de leurs vertus.

Sous l'ancien gouvernement de France, on auroit pu révoquer en doute le succès du procès de M. du F*** pour faire rétablir son mariage. Sous le règne cruel du despotisme, rien de moins assuré que le triomphe de la justice et de la vertu. La nouvelle constitution s'annonce par de plus heureux présages. Les juges commenceront l'exercice de leurs hautes fonctions avec la dignité qui appartient à la charge importante dont ils sont investis, en annullant

un acte de la plus criante injustice. Ils ra-
tifieront cet engagement saint et solemnel
contracté trois fois aux pieds des autels, par
M. et Mme. du F***, confirmé par eux à
la face du ciel et de la terre, et sanctionné
par toutes les lois divines et humaines.

M. et Mme du F*** n'eurent pas plutôt
pris possession de leurs biens qu'ils s'em-
pressèrent de nous prouver combien peu
ce changement de fortune étoit capable
d'effacer un instant de leur mémoire, des
amis qui les avoient accueilli dans leurs
malheurs. Ils nous invitèrent avec affection
de les venir voir en France, et semblèrent
regarder leur bonheur imparfait, jusqu'à
ce que nous eussions accédés à leurs voeux.
Vous croirez aisément que de notre côté,
nous sommes bien loin d'être indifférens à
l'heureux changement arrivé dans leur fortune. Nous avons la douce satisfaction de les
voir en possession de tous les agrémens
de la vie, et de les voir jouir du respect et
de l'estime générale.

M. du F*** s'étudie à bannir la misère
de ses domaines ; ses fermiers le regardent
comme leur père, ils ne l'apperçoivent pas
sans le bénir. ,, J'ai dit hier à un de ces
paysans que j'ai rencontré dans ma promenade, je suis charmé de voir que M. est si
bien aimé ici. « Oh pour ça oui, madame,

et avec raison, car il ne nous fait que du bien. ,,

Telle est l'histoire de M. du F***. Ne vous paroît-elle pas un roman ? Et ne vous félicitez-vous pas de son heureux dénoument ? Le viel baron ne meurt-il pas à propos, à l'heure même que l'on auroit choisi ? ou si je suis tentée quelquefois de souhaiter de le voir vivre encore, ce n'est que d'après les idées d'une juste rétribution qu'il est si naturel aux coeurs sensibles d'avoir, pour punir l'injustice et la tyrannie ; c'est parce qu'il auroit été bien puni de toutes les cruautés qu'il a exercées pendant sa vie, en voyant l'ancien gouvernement despotique s'écrouler devant lui ; que son ame flétrie auroit été revoltée à la vue de la félicité publique ; qu'il n'auroit pu souffrir l'idée de voir la liberté reconquise par les classes inférieures, la tyrannie déchue de ses privilèges ; c'est parce qu'il auroit détesté un pays qui ne pouvoit plus se vanter d'une bastille, dans lequel on avoit brisé les cages de fer, ouvert les portes des cachots, où la justice enfin, devoit répandre désormais sa vive et constante lumière, sans que rien de ce qui ressembloit à une lettre de cachet *servit d'ombre au tableau de sa nouvelle constitution.*

Mais

Mais laissons reposer ses cendres en paix ! Si le souvenir de ses crimes excite quelque indignation dans mon coeur, un pareil sentiment est bien loin de celui de M. et de Mme du F***. Jamais je ne les ai entendu laisser échapper un mot qui marquât, de leur part, le moindre ressentiment, ou qui blessât en rien sa mémoire ; jamais dans la chaleur de mon amitié pour eux, je n'ai indirectement risqué la moindre censure sur sa conduite, qu'ils ne m'aient fait sentir, par la manière dont ils l'accueilloient, que j'avois tort de le faire. Adieu.

M

LETTRE XXIII.

J'apprends avec plaisir que vous convenez avec moi que ce n'est pas une mauvaise raison, pour aimer la révolution de France, que d'avoir eu un ami persécuté, jetté dans les fers, mutilé, et presqu'assasiné sous son ancien gouvernement. En effet, quel autre motif que l'amitié, auroit pu faire passer mon attention, des annales de l'imagination, à l'histoire de la politique, et de la poésie, à la prose de la vie humaine. En vain les aristocrates auroient-ils tâché de m'expliquer les droits des rois, en vain les démocrates auroient-ils déclamé sur ceux des peuples, de combien de beaux raisonnemens mon imagination égarée n'eût-elle pas rompu le fil! comment aurois-je pu trouver assez de place dans les cellules de mon cerveau, pour cette foule d'argumens et d'inductions? Cependant quelque soit la pesanteur de mon génie, j'ose vous assurer que je saisis avec assez de facilité les propositions adressées à mon coeur, et c'est alors que je décide, dans un moment, des questions qui ont occupé pendant des siècles, des philosophes et des législateurs. Nulle proposition démontrée par Euclide ne me paroîtra jamais plus convaincante que cette vérité, que le meilleur systême politique est celui qui procure le bonheur à ceux que j'aime.

Le château de M. du F*** n'est pas éloigné de la petite ville de Forges, célebre pour ses eaux minérales, et où beaucoup de monde se rend dans la belle saison. Nous y sommes allés sous prétexte de prendre les eaux, mais, dans le fait, pour y voir la compagnie. Le premier matin que nous y parûmes, les dames nous présenterent de gros bouquets de fleurs de bruyere, qu'elles appellent des bouquets de la fontaine.

On m'avoit assurée, avant mon départ de l'Angleterre, que je trouverois que la liberté actuelle des Français, avoit totalement banni l'urbanité nationale. Cependant cette assertion s'est trouvée absolument démentie par tout ce que j'ai vu et entendu depuis mon arrivée dans ce pays. Je suis persuadé au contraire que les Français auront soin de conserver cette *charte antique*, qui, des débris de leur gouvernement monarchique leur a assuré depuis des siecles, et à si juste titre, la préséance en matiere de politesse sur les autres nations. Les démocrates les plus décidés d'entre eux, quelques soient d'ailleurs les privilèges dont ils veuillent user à l'avenir, ne penseront jamais à réclamer celui d'être malhonnête.

Dans tous les pays de la terre, c'est le plaisir de la société qui répand les fleurs les plus suaves sur les sentiers de la vie; en France, ils sont tous couverts de roses, à peine leurs inégalités se font-elles sentir au voyageur. Heureux le peuple qui aimant autant à parler que les Français, possède une langue qui s'adapte à tous les charmes de la conversation. Leur tournure d'expression, sert, avec tant de graces de draperie à des idées plaisantes, que l'on est porté à croire que l'esprit, avantage si peu commun aux autres nations de l'Europe, est aussi naturel aux Français que le don de la parole. Il se pourroit bien que cette diction brillante qui frappe tellement un étranger, ait perdu son effet sur les oreilles françaises : mais quel génie ne faut-il pas accorder à un peuple, qui a sû se faire un langage, dont les expressions les plus triviales semblent annoncer de l'esprit.

Vous saurez sans doute, vous qui admirez tant les ouvrages de madame Brulart,

que je me trouve placée ici sur une espece
de terre *classique*. L'abbaye de Bolbec n'est
distante que de quelques lieues du château.
Je me promene tous les jours dans la forêt
où Michel et Jaqueline avoient construit
leur petite chaumière. Vous vous rappelez
que l'ayant fait trop basse pour qu'ils pussent se tenir debout, ils se consolèrent par
cette réflexion ,, qu'on ne peut pas penser
,, à tout ; ,, et qu'assis forcément dans ce
réduit mesquin, ils se félicitoient de l'agrément qu'il y a d'être chez soi. On m'a
appris que la pauvre Jaqueline, fut tuée par
un coup de foudre, trois ans après l'heureux changement de son sort, et que Michel,
en véritable héros de roman, mourût peu
de tems après de douleur.

L'abbé de Bolbec jouit, dans ce pays ci,
d'une grande réputation de sagesse. Cependant un Français de ses amis qui dinoît
chez lui hier, m'a dit ,, qu'il lui avoit donné
,, une indigestion de bon sens ,,. C'est à
peu près dans le même genre qu'un jeune
Français, qui avoit été passer quelque tems
avec un ami à Rotterdam, ne lui donne
d'autre nom depuis cette époque, que celui
de ,, la raison continue ,,.

L'on vient de semer le bruit, quoique
nullement fondé, que les troupes autri-

chiennes étoient en marche pour entrer en France. Cette fausse alarme me rappelle la ruse connue des patriciens Romains, qui toutes les fois que les Plébéiens commençoient à murmurer, s'écrioient, que les Æques et les Volsques s'approchoient : et cependant les Æques ni les Volsques ne paroissoient pas.

LETTRE XXIV.

Nous avons eu une fête au château, le jour de Saint Augustin, patron de M. du F***., et quoiqu'il soit devenu protestant, il ne manquera jamais, je l'espere, de donner ainsi ce témoignage de respect à son ancien ami Saint Augustin. En effet, je suis persuadée que si Luther et Calvin eussent été du parti des nôtres, ils se seroient facilement conciliés à partager ces rits charmans de la superstition.

Les cérémonies commencèrent par un bouquet de fusées, après quoi mademoiselle du F*** entrant au salon où beaucoup de monde se trouvoit assemblé, et tenant en ses mains une guirlande de fleurs, adressa ces paroles à son pere : ,, Mon très cher ,, papa, pourrois-je profiter d'un moment ,, plus favorable pour vous souhaiter une ,, bonne fête, que celui où nos bons et ,, *vrais amis* sont ici rassemblés, et s'unis- ,, sent à moi pour célébrer cet heureux ,, jour ? C'est dans vos biens, cher papa, ,, c'est dans votre château que la divine

M 4

,, providence nous réunit, pour chanter
,, vos vertus, et ce courage héroïque qui
,, vous a fait supporter tous vos malheurs.
,, L'orage est passé, jouissez maintenant,
,, cher papa, du bonheur que vous méritez
,, si bien, de l'estime que vous vous êtes
,, acquis dans tous les coeurs sensibles.
,, Que votre chère enfant contribue à votre
,, félicité, que l'éternel daigne exaucer les
,, voeux que je lui adresse pour la conser-
,, vation et le bonheur d'un tendre pere,
,, à qui j'offre mes hommages, ma recon-
,, noissance, et les sentimens d'un coeur
,, qui vous est tout dévoué ,,.

Elle posa ensuite la guirlande de fleurs
sur la tête de son pere, qui l'embrassa tendrement. Plusieurs dames s'avancèrent également, lui présentèrent des bouquets, et il
les embrassa toutes à leur tour.

Nous avions vu pendant notre séjour à
Paris, une charmante petite pièce qu'on a
donnée au théâtre de Monsieur, intitulée :
la Fédération ou *la Famille patriotique.* Madame du F*** la fit venir, et représenter
par la société assemblée au château. Les
spectateurs étoient pour la plupart des fermiers de M. du F***, leurs femmes et leurs
enfans, et je ne crois pas qu'aucune comédie
soit ancienne, soit moderne, ait jamais été

accueillie avec tant d'applaudissemens. Ma
soeur y jouoit un role, ce que j'ai d'abord
hésité de faire ; mais métant ressouvenu que
l'un des principaux personnages est une
statue, j'ai consenti à jouer le *beau rôle de
la statue*. Et en effet, je parus dans la
derniere scène, sous la figure *de la Liberté*,
ornée de tous ses attributs, ayant sous ma
sauve garde les drapeaux consacrés de la
nation, qu'on avoit posés sur un autel,
où l'on voyoit en lettres transparentes ces
mots : ,, A la liberté, le 14 juillet 1789 ,,.
Un des acteurs montrant la statue dit:
,, Chaque peuple a décoré cette idole de
,, quelques attributs qui lui sont particu-
,, liers. --- Ce bonnet sur-tout est devenue
,, un emblême éloquent. Ne pourrions-nous
,, pas en ajouter d'autres qui deviendront
,, peut-être aussi célebres? ,, Il déploie alors
une écharpe aux couleurs nationales, que
l'on avoit mise au pieds de l'autel, et ajoute
,, Cette noble écharpe ! --- Ces couleurs
,, si bien assorties ne sont-elles pas dignes
,, de figurer aussi parmi les attributs de la
,, liberté ? ,, On m'a revêtue alors de l'é-
charpe, et la piece s'est terminée par le carillon national. Après le chorus de *ç'a ira*,
les acteurs se sont rangés en ordre, et tout
le monde a dansé sur l'air de *ça ira*. *Ça ira*

partoit de toutes les bouches, *ç'a ira* étoit
empreint sur toutes les figures ! C'est ainsi
que les Français craignent au milieu des
plaisirs, de perdre un instant de vue la
cause de la liberté, la fixent, l'attachent
pour ainsi dire à leur souvenir, par des
écharpes et des rubans aux couleurs nationales ; dans leurs jours de fête, l'unissent
au son du violon et de la harpe, et l'appellent non-seulement à régler les grands
mouvemens de leur nouvelle constitution ;
mais encore à former les figures de la danse.
La contredanse finie, l'on a exécuté un joli
feu d'artifice, après lequel nous nous sommes
mis à table ,, Vous êtes bien placé, monsieur, disoit madame du F*** à un jeune
Français, qui se trouva entre ma soeur et
moi : madame, répondit-il, en vrai Français,
me voilà heureux pour la première fois à
vingt trois ans ,,.

Après souper, nous sommes retournés
au salon, où les hommes de notre compagnie dansèrent avec de jeunes paysannes,
et les dames avec les paysans. Je n'ai jamais
vu de spectacle plus joyeux, ni un nombre
de figures plus heureuses ! En me rappellant
la triste situation de mes amis pendant leur
séjour à Londres, ce que je voyois ne m'a paru
qu'un songe ; je n'ai pu m'empêcher pendant

toute la soirée, de rapprocher le passé du
présent, et malgré ma disposition plus gaie
qu'à l'ordinaire, je sentois que des larmes,
qu'en vain je m'efforçois à retenir, couloient
abondamment de mes yeux ; mais c'étoient
des larmes vraiment voluptueuses.

LETTRE XXV.

L'ASSEMBLÉE nationale vient de porter un décret, qui accorde des récompenses au mérite littéraire. L'un des membres, dont je ne veux pas me rappeler le nom, s'y est opposé avec acharnement, en observant que l'état avoit besoin de cultivateurs, et non pas de poëtes, comme si ce seroit un fardeau trop lourd pour l'état d'avoir les uns et les autres. Ce personnage sans doute est d'avis que, pourvû que l'on ne manque ni de froment ni d'avoine, les hommes peuvent se passer de la culture de l'esprit ; que pourvu que l'on aiguise la bêche et les dents de la herse, peu importe si on laisse émousser les traits du génie. --- Mais, vive l'assemblée nationale ! --- Elle a décidé de ne jamais détruire la *noblesse* des muses, ni de priver les beaux arts *de leurs droits ho-norifiques.*

A propos de poëtes. --- Les François ont vaincu bien des préjugés, cependant, celui contre Shakespeare existe encore ; ils

savent bien que, quoique c'est notre politique aussi bien que notre volonté en
Angleterre, d'entretenir une opposition
sur tout autre sujet, il n'y a cependant
qu'une voix quand il est question du mérite
de Shakespeare. Ils conviennent facilement
du titre qu'il peut avoir à être regardé
comme l'idole de la nation britannique,
comme un de ces dieux Penates dont nous
faisons l'objet de notre culte ; mais ils ont
également leurs divinités, à eux-mêmes, qui
exigent tout leur hommage, aussi ne veulent-
ils jamais convenir que Shakespeare fût
non-seulement la gloire de l'Angleterre,
mais encore de la nation humaine. On
chercheroit en vain à les persuader, que
l'on trouve dans le génie de leur célebre
Corneille quelque chose de la grandeur or-
gueilleuse et affectée de Louis XIV, tandis
que celle de Shakespeare se rapproche plutôt
à la haute et noble simplicité de Henri IV.
Ils vous répètent à ne plus finir, que les
tragédies françaises sont des drames réguliers, au lieu que tout est monstrueux dans
les productions de Shakespeare. Ceci me
rappelle la réponse que fit Boileau à un
acteur qui lui avoit apporté une piece qu'il
trouva mauvaise. Monsieur, s'écria l'auteur
enragé, je défie la méchanceté même de

dire que ma piece pèche contre aucune
regle. ,, Eh, monsieur, répartit Boileau,
,, elle peche contre la premiere de toutes
,, les règles, celle d'empêcher le lecteur de
,, dormir ,,.

Je vous ai parlé d'un jeune homme qui
étoit renfermé dans un cachot attenant à celui de M. du F*** à St. Yon, et avec lequel il
s'entretenoit quelquefois à voix basse, à
travers un trou dans la muraille ; ce jeune
homme est venu faire une visite au château.
Il étoit entré au service de bonne heure :
mais à l'âge de vingt ans, son père étant
alors à St. Domingue, et sa mère le regardant comme un espion de sa conduite peu
régulière, obtint une lettre de cachet, et le
fit renfermer pendant trois ans à St. Yon.
Il m'a assuré, qu'au bout de la première
année, il perdoit tout espoir de jamais regagner sa liberté et qu'une mélancolie mor-
telle s'étant emparée de son ame, il resta
étendu sur le même lit l'espace de deux
ans, refusant quelquefois de prendre de la
nourriture pendant plusieurs jours de suite.
Au retour de son père qui venoit briser ses
chaînes, il étoit si foible qu'il ne pouvoit
plus marcher.

Son père ayant depuis quitté la France,

le frère de ce jeune homme fut condamné à subir un sort plus rigoureux même que le sien. Il avoit fait à l'âge de quinze ans, quelques indiscrétions qui lui attirèrent la colère de son impitoyable mère ; elle obtint encore une lettre de cachet contre celui ci. Existe-t-il donc dans la nature, une cause secrette qui nécessite la production de ces coeurs inexorables ? Il fut renfermé pendant dix ans, et ne regagna sa liberté qu'en vertu du décret de l'assemblée nationale qui a ouvert les portes des prisons. Mais hélas ! cette clémence fut trop tardive pour ce malheureux jeune homme. Sa raison étoit perdue pour jamais ! On l'a conduit hors de sa prison à l'âge de vingt cinq ans entièrement fou. Quand la sensibilité avec laquelle son frère raconte ses malheurs domestiques, nous fait fondre en larmes, on nous dit, que la tristesse est la maladie du charbon anglais, et qu'elle ne sera jamais de mode en France.

Vous apprendrez sans doute, sans en être étonnée, que M. du F*** a renoncé avec plaisir à ses titres, et qu'ayant été un ci-devant *captif*, aussi bien qu'un ci-devant *baron*, il sent bien que la jouissance de la sûreté personnelle, la douceur de la félicité

domestique , que les droits enfin communs
à tous les hommes , sont des objets infiniment plus précieux, qu'il n'a jamais trouvé
ceux de la noblesse dans la solitude de son
cachot. Il est tout prêt à reconnoître qu'une
prison dans un lieu souterrein, qu'une chute
de cinquante pieds de hauteur et la meur-
trissure de ses membres, sont des choses
qui se trouvent à peine compensées par le
titre du baron ; aussi fait-il des libations
tous les jours après son diné, ,, à la santé
de l'assemblée nationale «« malgré le décret
qui lui ôte la douce épithete de *monseigneur* ;
malheureusement, il ne nous reste pas long-
tems à lui faire raison de ce *Toast*.

Le jour de notre départ approche. Il faut
quitter la charmante société du château ; il
faut laisser ces paysans heureux continuer
leurs danses sous l'ombre de ces vieux
ormes, à l'heure où le soleil couchant verse
à grands flots l'or de ses rayons à travers le
feuillage ; il faut laisser ce maître de violon
se rider en riant avec sa malheureuse figure.
Il faut bien dire adieu à tout. Demain ,
c'est le dernier jour de notre résidence au
château. Que ce dernier mot est cruel !
Que le sens en est triste et terrible ! On y
trouve

trouve quelque chose qui intéresse secrètement nos sensations aux objets les plus
indifférens. J'écrirois volontiers un volume
en commentant sur ce seul mot ; mais
pourquoi ne pas m'expliquer dans une
seule ligne : Je suis désolée de quitter la
France.

LETTRE XXVI.

De Londres.

Nous avons quitté la France au commencement du mois de septembre, afin d'éviter
les coups de vent si communs dans l'équi-
noxe. Nous avons eu cependant le malheur
d'être surpris par un orage violent dans le
trajet de Dieppe à Brighthelmstone. Nous
passâmes deux jours et deux nuits sur mer,
et vingt quatre heures sur les côtes de Sus-
sex, sans pouvoir descendre à terre. Il seroit difficile pour vous, accoutumée comme
vous l'êtes à calculer le tems sur la terre
ferme, de vous former une idée de la longueur de vingt quatre heure sur la mer, au
milieu d'un orage.

Nous sommes enfin débarqués avec beau-
de difficultés ; nous avons trouvé sur le ri-

vage plusieurs de nos amis et de nos connoissances qui, dans la supposition que
nous pouvions être du nombre des passa-
gers, avoient pris part à notre danger.

Avant que l'orage fut devenu alarmant
au point d'exclure toute autre idée que
celle d'envisager la mort avec courage, je
me suis beaucoup amusée des remarques
que chacun se plaisoit à faire dans la cabane
sur les usages et la politique de la France.
,, Ah ! disoit l'un à son camarade, on a
besoin d'aller en France pour savoir goûter,
à son retour, la bonne vieille Angleterre ,,
,, Quant à moi, disoit un autre, je n'ai
jamais pu m'énivrer une seule fois à mon
aise pendant mon séjour dans ce pays là ;
on n'y trouve pas une goutte de *portet* pour
de l'argent, et quant à la nourriture, ils
appellent une petite tranche de viande qui
ne pèse guères plus d'une livre et demi,
un superbe morceau de *Roast Beef*. " Et,
dites-moi un peu, je vous prie, ajouta-t-il,
en s'adressant à un des matelots, ,, que pen-
sez-vous de leur assemblée nationale ? ,,
,, Vraiment, dit le marin, si je ne me trompe
pas, l'assemblée nationale dérive un peu
depuis quelque tems. ,,

En effet, ce n'est pas sans étonnement
que j'ai vu depuis mon arrivée à Londres,

la plupart de mes amis se ranger de l'avis de ce matelot. Personne ne vient me voir sans m'apporter des nouvelles de la France, propres à jetter l'horreur et l'effroi. Je n'entends parler que de crimes, d'assassinats, de tourmens et de mort. On m'assure que chaque jour est témoin d'un complot ; que chaque ville est la scène d'un massacre ; que des potences sont dressées dans chaque rue, et que les routes sont inondées de sang. J'entends ces horreurs et je me répète ; est-ce là le véritable tableau de la France ? Sont-ce là les images de cette joie générale qui si souvent m'a fait venir les larmes aux yeux, et palpiter le coeur de la plus douce émotion ? Quant à moi, je n'ai rien vu dans ce pays, que ces profonds magiciens viennent d'envelopper tout-à-coup dans les ténèbres, où, par la vertu de leur sinistre baguette, ils ont dressé des échaffauds, montré le couteau de l'assassin dégoutant de sang, fait entendre les cris du désespoir et les gémissemens de la douleur ; je n'y ai rien vu, dis-je, qui ressemblât aucunement à cette horrible peinture ; cette terre de désolation m'a toujours parue, sous la douce influence de la liberté, ornée de tout ce qui peut ajouter à sa beauté naturelle ; les bois m'ont semblé fournir une ombre plus ra-

N 2

fraichissante, les plaines une verdure plus
éclatante, depuis que j'entends les chansons
bruyantes de la liberté s'élever de la chaumière du paysan, et la voix de la gaieté
retentir le long des montagnes et des vallons.

Me dira-t-on que mon ame est pervertie,
que je ferme mon coeur à tous les mouvemens de sympathie, parce que je ne pleure
point avec ceux qui ont perdu quelque
parcelle de leur superflu, plutôt que de me
réjouir de la protection qu'ont retrouvé les
opprimés, des réformes que l'on a substitué
aux abus, de la liberté que l'on a rendu
aux captifs, de ce qu'enfin le pauvre ne
manque point de pain ? Le pere universel
du genre humain, a-t-il donc imprimé les
sentimens de la pitié dans nos coeurs, pour
qu'ils n'embrassent que les besoins factices
de la vanité, les privations imaginaires de
la grandeur ; pour qu'ils restent sans action
sous le dôme du palais, où renfermés dans
l'enceinte des châteaux. Sommes-nous donc
destinés à refuser un soupir compatissant
aux habitans affamés de la triste chaumière ?
Quoique jamais annoblis par la main de
l'homme, en portent-ils moins l'empreinte
de la noblesse que Dieu a mis sur tous ses
ouvrages ?

Faut-il que j'entende ces charmantes so-

ciétés, ou j'ai trouvé toutes les graces des
moeurs les plus polies, cette aimable urbanité partage des ames libres, et bien élevées;
faut-il que je les entende comparées avec
ces factieux dont la conduite barbare et
cruelle, ainsi que les principes dangéreux
et funestes ont souillé les fastes de notre
histoire (1). A dire vrai, plusieurs personnes de ma connoissance en Angleterre,
malgré leur haine pour les principes répu-
blicains, ne font aucun scrupule, dans leurs
discussions sur les affaires politiques de
France, d'adopter un ton de censure *vraiment licentieux et républicain*. Rien de plus
démocratique que leur maniere de s'exprimer, ni qui ressemble plus à cet esprit de
l'anarchie en question, que le mépris dont
ils affectent de traiter sans distinctions tous
les chefs de la révolution.

Certes, je ne suis nullement disposée à
rompre des lances, dans toutes les sociétés
où je me trouve, en faveur de l'assemblée
nationale. Qu'il me soit permis de remarquer cependant, que puisque cette assemblée ne prétend point s'offrir comme un

----

. (1). La secte connu sous le nom de *Keveller* au
tems de Cromwell.

modèle à ce pays-ci, nous n'avons aucun motif, il me semble, de montrer tant d'humeur et de chagrin, parcequ'il a plu à la nation française d'essayer une autre forme de gouvernement pour elle-même. Pourquoi ne lui seroit-il pas libre de faire une expérience en politique ? J'ai toujours cru que de l'expérience résultoit toute amélioration dans les sciences. Mais on prétend aujourd'hui que les Français au lieu de vouloir construire la grande machine de la société sur le principe simple d'une fraternité générale, sur la *Fédération* de toutes ses parties, auroient dû se contenter de réparer les ressorts et les roues féodales qui lui servoient de mouvemens du tems de leurs ancêtres. Cependant si les hommes n'avoient jamais cherché à s'instruire qu'en sens rétrogradé, leurs progrès n'auroient pas été grands, ni en vertus, ni en connoissances. Qui sait même si les dieux du Paganisme n'eussent pas encore restés debout sur leurs autels ? Interdire, sous peine de reproches, tous les efforts de l'esprit humain pour atteindre à un plus haut degré de perfection, n'est-ce pas en effet proscrire tous les arts et les sciences ? Il n'est donc pas étonnant que les Français, auxquels une si petite portion de félicité publique a été légué par

leurs ancêtres, en sentant le peu de valeur
de ce patrimoine, aient voulu essayer quelque manière plus efficace de transmettre à
leurs neveux un plus riche héritage.

Les améliorations qui sont à la portée des
hommes en matière de politique, ressemblent
peut-être en quelque sorte à celles qu'ils ont
déja faites dans l'art de la navigation. Peut-
être aussi que les plans de la politique eu-
ropéene ont ressemblés jusqu'à présent à
ces vaisseaux difformes et mal construits qui,
peu propres à braver les orages, ne servoient
jadis qu'à transporter des guerriers d'un
pays à l'autre pour dévaster les états de leur
voisins ; qu'à produire une correspondance
d'injures ; une réciprocité d'hostilités, et un
échange de rapine et de pillage. -- Ne seroit-il pas possible néanmoins de former
un systême politique, qui semblable à un
vaisseau moderne armé pour aller à la dé-
couverte, et bâti sur des principes qui mettent
en défi les obstacles opposés par les élemens
(et les passions sont les élémens de la vie),
au lieu de céder à leur fureur, les soumet
aux vues du navigateur, et dirigeant sa
route majestueuse à travers des mers inconn-
nues, réunit ceux que la nature paroit avoir
voulu séparer pour jamais, et lie insensible-
ment les parties isolées du globe.

Parmi d'autres causes qui ont procuré à la révolution de France une défaveur si générale en Angleterre, on peut citer les histoires exagérées, que répandent avec tant d'industrie les aristocrates qui se sont réfugiés à Londres. Tous ne méritent point cependant ce reproche. Il existe actuellement un jeune gentilhomme, neveu de l'évêque de Sens, qui quoiqu'il ait perdu ses biens, ses titres et toutes ses brillantes perspectives, est assez généreux pour applaudir à la révolution, assez grand pour se concilier à ses propres souffrances, en considération du bien général, et qui reste fidèle à sa patrie, parmi les infideles qui l'entourent. J'espère que ce jeune et aimable Français vivra encore pour témoigner et pour partager les honneurs, et la prospérité de ce pays régénéré ; j'ose espérer aussi, que l'assemblée nationale de France, répondra à tous ses ennemis de la seule manière digne du rôle sublime qu'elle joue, en donnant une constitution à la nation Française qui la rende vertueuse, florissante et heureuse.

F I N.

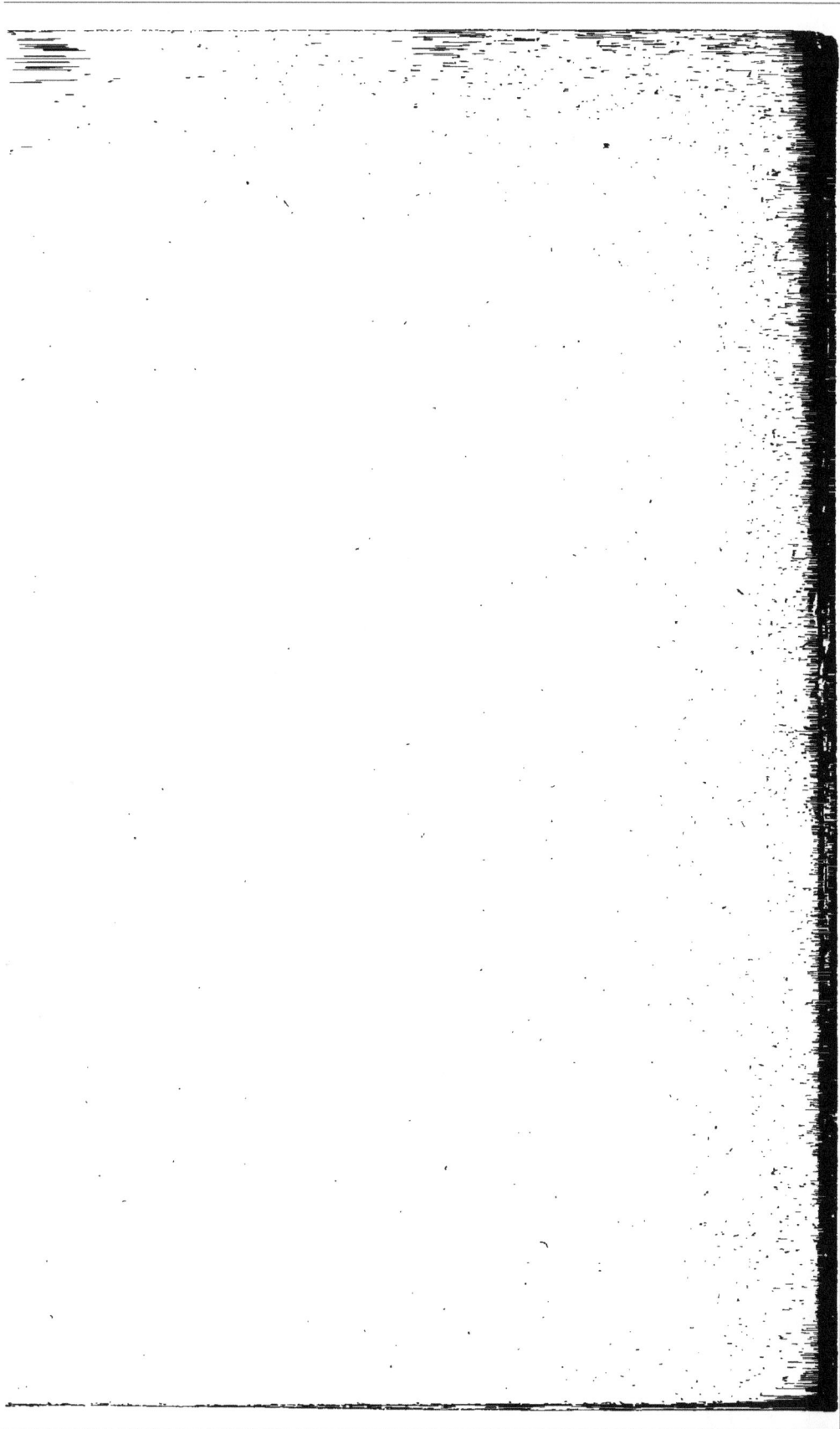

www.ingramcontent.com/pod-product-compliance
Lightning Source LLC
Chambersburg PA
CBHW071957090426
42740CB00011B/1975